围棋从入门到实战高手

# 围棋布局高招

李勇 编著

吉林出版集团股份有限公司
全国百佳图书出版单位

版权所有 侵权必究

**图书在版编目（CIP）数据**

**围棋从入门到实战高手. 围棋布局高招** / 李勇编著. -- 长春：吉林出版集团股份有限公司，2020.12
 ISBN 978-7-5581-9601-0

Ⅰ. ①围… Ⅱ. ①李… Ⅲ. ①围棋 - 布局（棋类运动）Ⅳ. ① G891.3

中国版本图书馆 CIP 数据核字（2020）第 270010 号

# 前　言

传说我国上古时期著名仁君尧帝娶了妻子宜氏，妻子生下一个儿子取名丹朱。丹朱从小性情乖戾，长大后不务正业。尧帝为儿子担心不已，就前往汾水询问仙人蒲伊，拜求仙人教授自己管教儿子的方法。

尧帝来到汾水河畔，看见有个老者坐在桧树下，用小木棍在沙地上画格子，还将黑、白小石子排列在格子中，很像是在摆弄阵图。尧帝料定老者就是蒲伊，就上前请教管教儿子的方法。蒲伊笑着说："大王的儿子非常聪明，而且喜欢与人争斗。大王应当投其所好，挖掘他的潜力，培养他的性情。"

尧帝说："还请先生教我具体方法！"

蒲伊指了指沙地上的黑、白小石子说："奥妙就在其中！"说完，蒲伊笑着离开了。

尧帝望着沙地上的黑、白小石子，开始用心思考，终于领悟出其中的奥妙。他回家后，就用文桑木做了棋盘，用犀牛角和象牙做了棋子。做成之后，棋盘、棋子看起来光彩夺目，不同凡响。

丹朱果然被独特的棋盘、棋子吸引，从此钻研围棋，并从中悟出了许多治国之道，后来成了尧帝很好的助手。

这就是关于围棋由来的传说。围棋蕴含着古代哲学中一元生两仪、两仪生四象、四象生八卦、天圆地方等含义，变化丰富，意蕴深远，魅力无穷，有着极为丰富的文化内涵。

围棋棋盘是标准正方形，由纵、横各19道线垂直、均匀相交而成，构成一幅对称、简洁而又完美的几何图形，有种浑然一体和茫然无际的气势，看着棋盘就如同仰视浩瀚苍天和俯瞰辽阔大地。

围棋对局好似整个世界只留下两位棋手，在广阔宇宙之中，把各自的智慧、勇气和毅力都尽情释放了出来。双方端坐棋盘两端，品着清茶，摇着鹅毛扇，不动一刀一枪，不流一滴血，没有一句争吵，却进行着生死较量，真是最为温情、最为阴柔、最为奇妙的了。

围棋作为我国传统文化的重要组成部分，它与太极阴阳及《易经》都相通。特别是围棋从黑、白两种棋子的排列组合中，演绎出一系列变化莫测的方阵化境。在小小的棋盘之上，从始至终都是错落有致的黑白图案，就如同一幅太极阴阳图在流转，奥妙无穷。在这变化中，可以看出运动、和谐、对称和有序的艺术，可以感受到舒缓、抑扬、狂肆的节奏。所以有人说，围棋是太极原理最直接和最形象的一种现实模型，同时也是一个微型宇宙模型，内涵无限。

小小围棋，具有休闲娱乐和游戏益智之功效，并以其特殊形式和独到品位深受现代人喜爱。各种各样的围棋活动尽展魅力，不仅可以休闲娱乐，还可以修身养性、陶冶情操、开发智力。为此，我们根据围棋基本特点、最新发展和初学者的接受能力，特别推出了"围棋从入门到实战高手"系列图书，系统介绍了围棋的基础知识、死活棋形、劫的知识、基本定式、基本布局、中盘战术、官子阶段和名局欣赏等内容，科学实用，通俗易懂，图文并茂，非常适合广大围棋爱好者入门学习和技艺提高。总之，拥有本套书，你就有了围棋方面的良师益友。

# 目 录

## 第一章　布局基础

- *01*　角上下子的位置 …………………… 002
- *02*　棋子的配置 ………………………… 006
- *03*　棋子的效率 ………………………… 009
- *04*　效率低的棋形 ……………………… 015
- *05*　建立根据地 ………………………… 019
- *06*　拆地与夹攻 ………………………… 024
- *07*　实地与外势 ………………………… 029
- *08*　选三路还是选四路 ………………… 031

## 第二章　布局要领

- *01*　布局速度要快 ……………………… 036
- *02*　子的位置应高低协调 ……………… 044
- *03*　追求棋子的高效率 ………………… 051
- *04*　小目特性 …………………………… 057
- *05*　局部要点 …………………………… 061
- *06*　角的原则 …………………………… 071
- *07*　形势要点 …………………………… 075

**08** 养成大局观 ································· 081

## 第三章　布局模样

**01** 理想的模样 ································· 086
**02** 模样的侵消 ································· 093
**03** 厚势的灵活运用 ····························· 103

## 第四章　大场的知识

**01** 什么是大场 ································· 110
**02** 大场理想形 ································· 112
**03** 大场的价值 ································· 114
**04** 如何选择大场 ······························· 118

## 第五章　挂角和夹攻

**01** 挂角的类型 ································· 124
**02** 挂角方式的选择 ····························· 126
**03** 挂角的方向 ································· 130
**04** 夹攻的种类 ································· 133
**05** 绝好的夹攻 ································· 135
**06** 不妥当的夹攻 ······························· 140

## 第六章　布局基本型

**01** 平行型布局 ································· 144

| 02 | 对角型布局 | 150 |
| --- | --- | --- |
| 03 | 互挂型布局 | 153 |
| 04 | 小林流布局 | 155 |
| 05 | "中国流"布局 | 158 |

## 第七章　布局常见型

| 01 | 第一型 | 166 |
| --- | --- | --- |
| 02 | 第二型 | 170 |
| 03 | 第三型 | 174 |
| 04 | 第四型 | 178 |

# 第一章　布局基础

　　布局是开始走法，指双方开局后，在角上和边上的布置与结构。这时双方根据各自意图，争先选择有利着点进行地域和形势上的分割，为中盘战斗摆下阵势。

## 01　角上下子的位置

### 1. 占角

对局开始总是先要占据空间。通常占角有五种，共八个位置，图1-1，走在A位叫"星"，B位叫"小目"，C位叫三三，D位叫"目外"，E位叫"高目"。

这五种位置，作用是不相同的，小目和三三偏重于守角取实地；星、目外和高目则更偏重于控制边和中腹的形势。

### 2. 守角

除了三三能一手占角外，其他各种占角位置，都需要再补一手才能巩固。

通常小目守角有三个位置。图1-2，在A位守角叫"无忧角"，在B位守角叫"单关角"，在C位守角叫"大飞角"。这三种守角方式各有不同的作用。无忧角占地比较实在，较为多见。单关角在向两边开拆时，棋子的配合比无忧角好，但给对方留有抢角的机会。大飞角控制的范围较大，但使对方攻入的手段较多。

图1-1　　　　　　图1-2

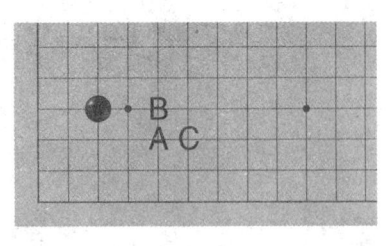

目外和高目的守角方式与小目很相像，但走目外和高目的目的，就是准备对方占角以后，采用多种手段取势或取实地等等。

图1-3是黑走目外白走小目以后的各种手段。

图1-4是黑走高目白走小目以后的各种手段。

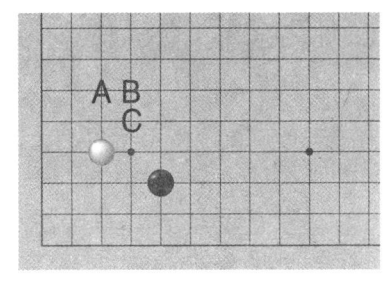

图1-3 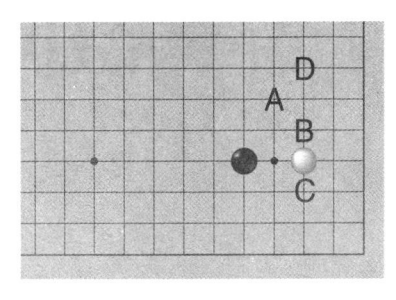　　　　　　　　图1-4

### 3. 点角

三三一着棋就可占角。往下再走就是向两边发展的问题了。

星是着重取势，便于伸向中腹。它如不补一着，对方也有侵角或点角的机会。可以如图1-5在白2侵角或者如图1-6在A

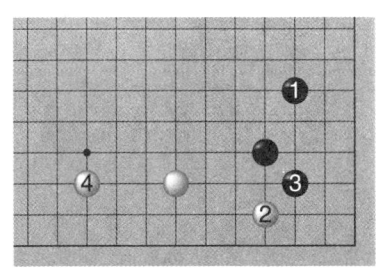

图1-5 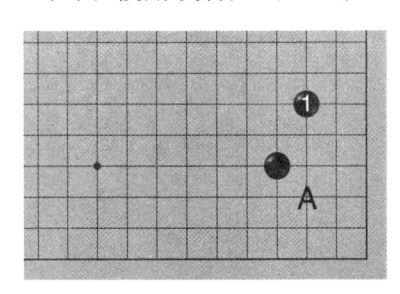　　　　　　　　图1-6

位的点角。

### 4. 挂角

如图1-7、图1-8，黑方在小目或星的位置占角后，白方在黑方附近下子叫作"挂角"。挂角通常在A、B、C、D几种位置上，在三线上挂角叫"低挂"，在四线上挂角叫"高挂"。这几种挂角无优劣可言。一般低挂偏重于取实地，高挂偏重于取外势。

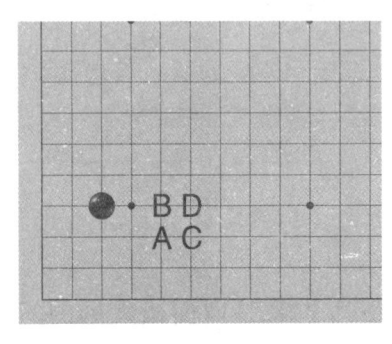

图1-7 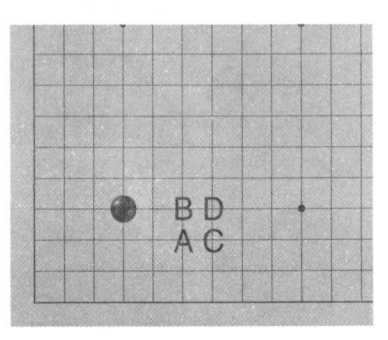　　　　　　　　图1-8

图1-9是走高目后，对方的几种挂角位置。

图1-10是走目外后对方的几种挂角位置。

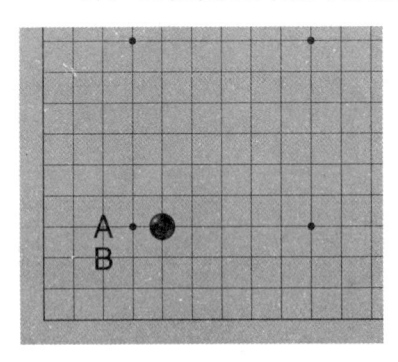

图1-9 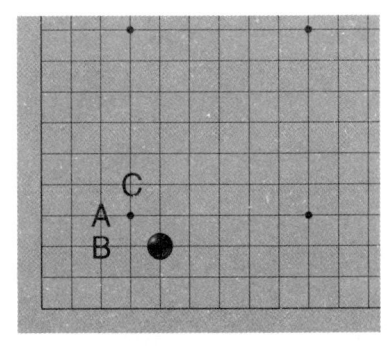　　　　　　　　图1-10

三三是一着棋占角，无挂角可言。但能攻击三三的几个位置，图1-11中A、B、C、D、E上五个点。

守角与挂角的价值基本相同，但挂角带有攻击性。

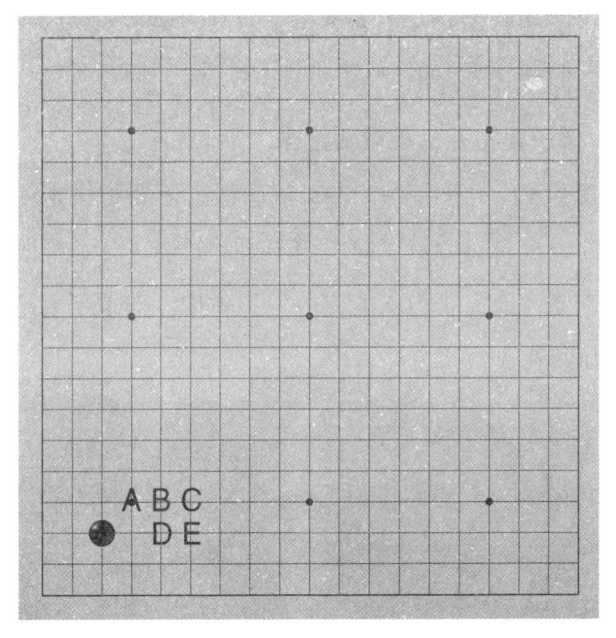

图1-11

在围棋的实战中，有很多时候是没有机会自己坚实地把角空守牢的。对局的一方占据角之后，另一方往往抢先在原占角棋子附近相应位置下一子，为了防止角部完全被对方守住，这就叫作挂角。实际上，占角和挂角就是对角的争夺。

## 02 棋子的配置

棋子的配置在对局中有着极重要的位置。初学围棋者应该了解并掌握其基本规律。

### 1. 棋子要布开，配置要适当

如图1-12、图1-13，在布局阶段，不要把棋走得过于密集。在附近没有对方棋子时，更不要并排着下。这样既不便做眼，也不便占地，子力不能充分发挥作用。但也不要把棋子配置距离拉得过大。

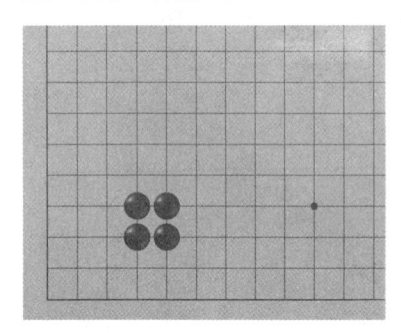

图1-12　　　　　　图1-13

图1-14中，走黑1是想在角上得到较大的地盘，但给白方留有侵入的余地。白在A位打入，结果至少是劫活，黑方反倒事与愿违。要想守角，黑1走在B位是好形。

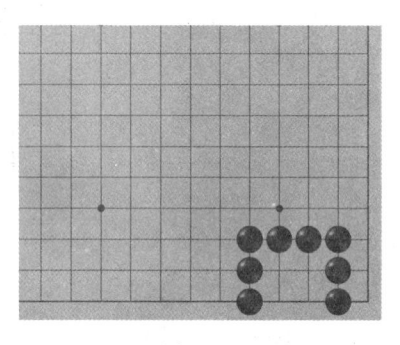

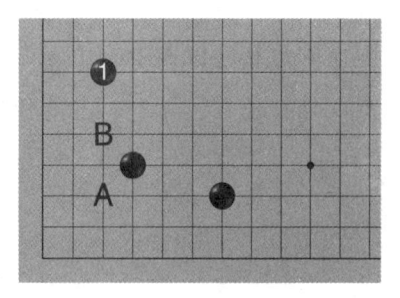

图1-14

如图1-15，在布局阶段，应当尽可能把棋子分布在全盘各个有利的部位，配置疏密要适当，棋形要舒展。图1-12与图1-15比较，同是四个子，但图1-15走得舒畅。

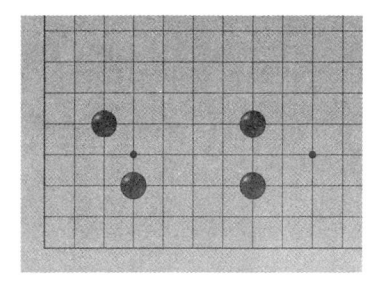

图1-15

图1-16中双方棋子配置都是好形。黑方走得坚实，实地较大。白方占据了边上的有利部位。棋子配置得灵活舒展。如黑方走在A位，白方要在B位跳起，否则黑有在C位打入的好点。

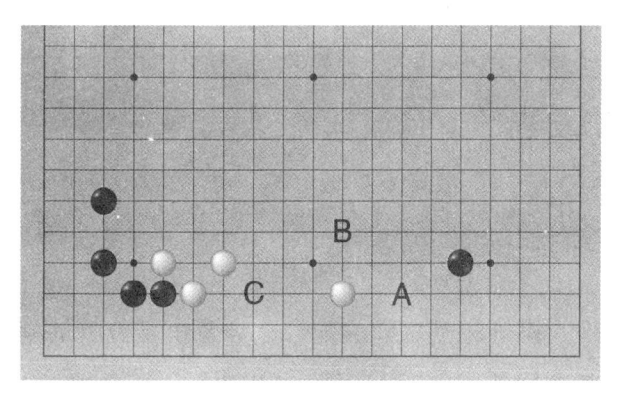

图1-16

## 2. 高低配合

开局一般都走在边角的三四线上。三线叫"低位线"，比较容易取地，但控制中腹却很难。四线叫"高位线"，比较容易取得外势、控制中腹，对占地有利。因此要三线和四线互相配合，这叫作高低配合。

图1-17中黑方1、5、7三着就是高低配合的好形。在整个一盘棋中都要时刻注意棋子的配置,不能脱节,根据具体情况,做到前后有应,紧密配合,使子力充分发挥作用。

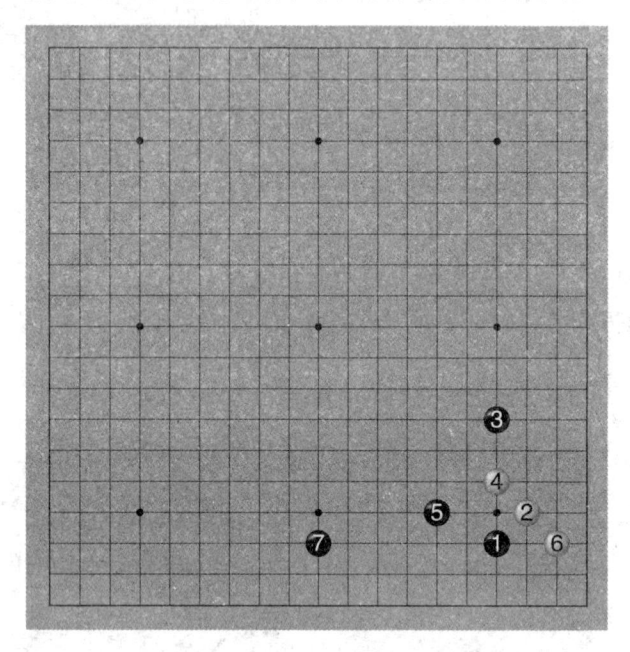

图1-17

布阵间棋子相互之间的配合,涉及棋子位置的高低、远近、疏密等方面。宋代刘促甫在《棋诀》中说:

远不可太疏,疏则易断;近不可太促,促则势赢。

## 03 棋子的效率

棋子效率的高低问题是围棋的精华,我们追求棋子的高效率,就要学会如何来分析得失。以下简单地介绍两种子效分析的方法,这两种方法目前在我国的围棋术语中尚无专用名称,为了便于读者领会和掌握,根据两种方法的形式与内容可以称它们作"变更行棋顺序法"和"双方子力对比法"。

### 1. 变更行棋顺序法

在一个局部的应接或战斗之后,将双方行棋的先后次序做一些假定的变更,以其与两分定式、常型或是最正常合理的下法相比较,来判断这个局部结果的优劣损得,是分析子效的方法之一。

图1-18是"双方燕"定式的一型,其中白10扳时,黑11点后13托过为正确的下法。

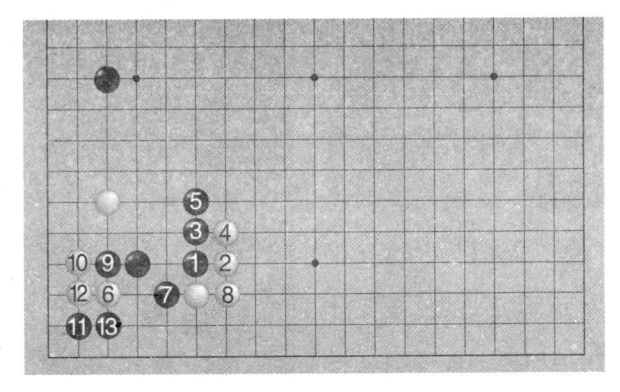

图1-18

图1-19中，此棋形，当白10扳时，黑棋立即下11位扳，认为是理所当然。其实，若不是全局形势的迫切需要，黑11、13的下法是错误的，被白14扳渡，这个局部结果黑棋将不利。那么，该如何来分析其优劣呢？

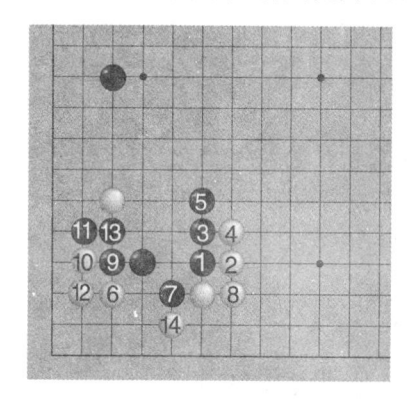

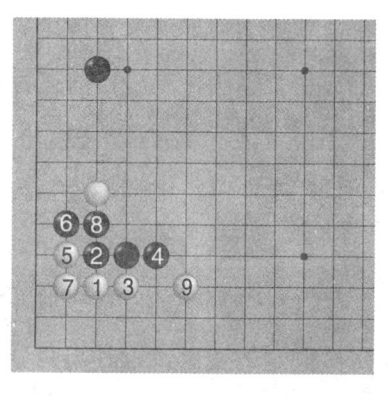

图1-19

图1-20

图1-20为众所周知的常见定式，我们将前面的应接结果与这个定式做一比较，就可以得出结论。

图1-21为图1-20的延续，黑1压与白2退的交换，使白棋强化，自己却失去了多种变化，为明显的坏棋。接着黑3冲也不好，既撞气又损失反劫材。黑5脱先以后，白6拐头很大，黑7理应在8位扳头才对，但7、9却笨拙地弯退，被白6、8先手大利。

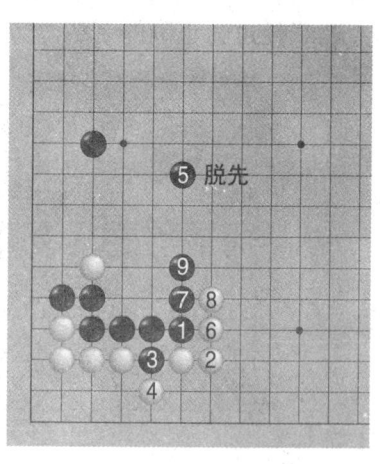

图1-21

由此可以看出，这是白优之形。回过头来再看图1-19，与本图相差无几，因而可以得出结论：图1-19中黑棋的下法是吃亏的。

再看图1-22，是一个很普通的棋形。对于白1挂角，黑2飞的下法虽不常见，但在高手实战中也是有的。对此，白3若拦下，黑4则位攻，以下至8的应接就是黑棋的意图。

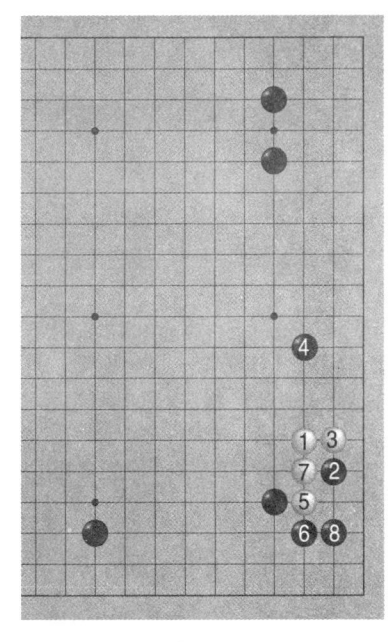

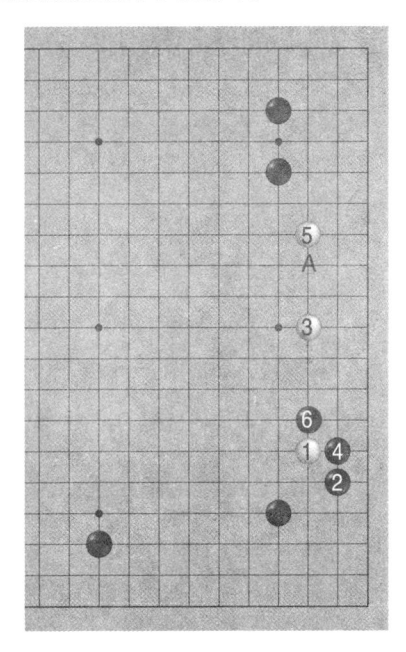

图1-22

图1-23

又如图1-23针对黑2的用意，白3拆是有策略的一手。黑4若在A位拦，白即在4位挡下，白棋形十分理想。如图对于黑4爬，白5拆二轻灵，被黑6扳起，初看黑也相当满意，但是稍加分析，我们就可以看到白棋的谋算。

假设当初图1-24，白在1位分投也属好点，黑2大飞拦、白3拆二均无可指责，那么下一手黑下在哪里呢？

这时黑下了4位补，这手棋对于角地的巩固虽说也有作用，但其位置实在欠佳，效率不高是可以肯定的。由此我们便可以做出结论：图1-23中白3拆的下法是很有心计的。

**2. 双方子力对比法**

在走完一个局部的变化以后，比较双方所下的子数和所起的作用，判断其利害得失，这也是子效分析的一种方法。

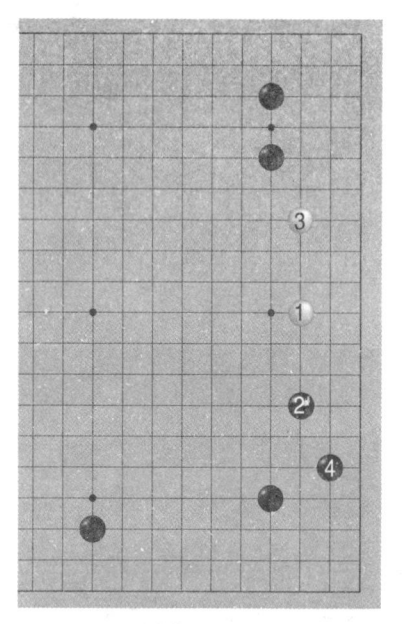

图1-24

如图1-25，在角上"双飞燕"的应接中，有这样一个变化：即白6冲，以下黑7退至11的应法为妥善的。白棋的这种下法究竟能否成立呢？我们可以做如下的分析。

图1-26中，如果黑白各五个棋子走成这样的形状，肯定

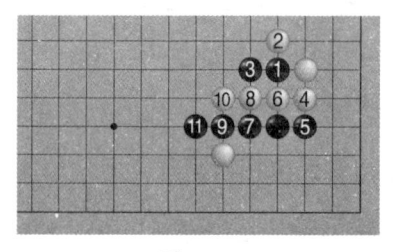

图1-25

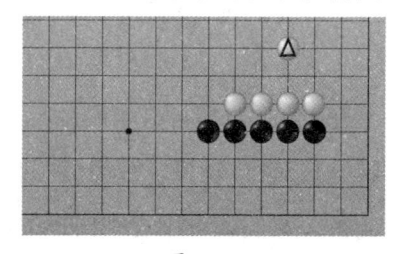

图1-26

是黑棋有利。因为黑子占于4线，实利很大，黑子又高白一头，而且白△一子位置极差，显然这个棋形是黑大优于白。

图1-27和图1-25一样，也就是说，图1-25可以看作是在图1-26的基础上又做了如本图黑1至白4交换的结果。图中，黑1白2都是恶手，当然黑1、3的损失比起白2来要大些，但是考虑到图1-26中黑白优劣之悬殊，白棋远未得到应有的补偿。因此可以断言，图1-25中白6冲的下法在一般场合是不成立的。

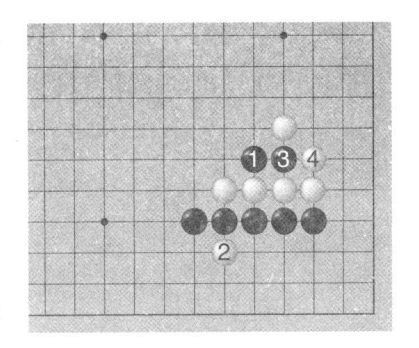

图1-27

再看图1-28，是小目一间夹后的一个变化。黑5为欺着，以下完全是白棋步入了黑棋的圈套。行至36，白获角地，黑则取得了铜墙铁壁般的外势。这种情况，我们又该如何分判得失呢？

图1-29是图1-28变化完结时的形状，白棋共吃黑六子，

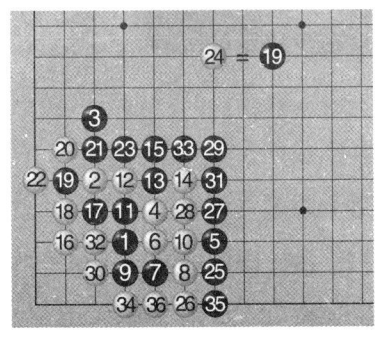

图1-28

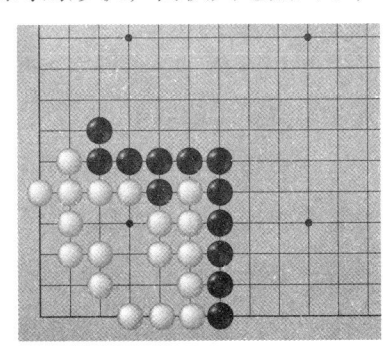

图1-29

而黑没有吃到白一子，但是我们不能以吃子的多少来论得失。我们可以从白棋的空中拿掉六个子，这样黑白子数相等，这将成为下图模样。

图1-30中黑白各十二个子，两相比较，黑外势雄壮而完整，子效发挥充分。相反，白棋角地不过18、19目，而且白棋的△一子纯属废棋。黑十二手所筑成的外势与白十一手所围的角地相比尚且黑优，更何况白棋又在自己的空中填了一着废子，凭此我们便完全可以做出黑棋绝对优势的判定。

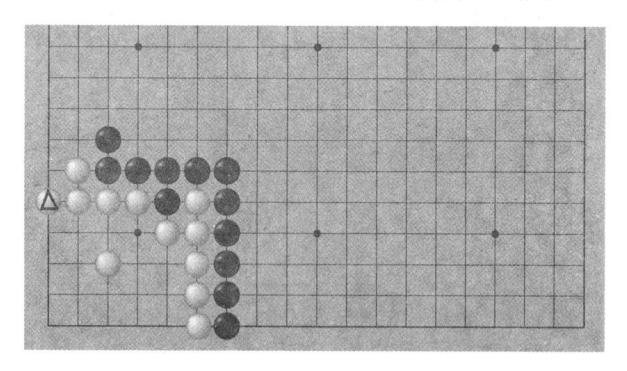

图1-30

围棋的厚势是用来攻击和威胁对手的，切忌用来围空。围棋对弈，一人一着，最终是看占地多少决定胜负的，实际上比的是双方棋子的效率。

围棋厚势是用实地与对手交换形成的，单从围空而言，有"金角银边草肚皮"的说法。要最大限度发挥厚势的作用，就是逼迫对手的棋向自己的厚势行棋，最大限度抑制对手棋子的效率，自己从攻击中获利所得会远远超出直接围空所得。

## 04 效率低的棋形

下围棋时经常会提到"形",盘上棋形的好坏通常就是对局者水平高低的标志。根据所下的棋子是否能充分地发挥作用,我们便可以区别出是好形还是恶形。下面举例来看看哪些属于效率低的棋形。

### 1. 愚形与恶形

图1-31 原形在高手对局中是常见的。黑在1位立固然很大,但有时也会脱先抢占它处。然而,白1打吃时,黑2接这手棋在高手的棋谱中便绝不会出现,因为黑四个子成为笨重的愚形,而且即刻成了白方攻击的目标。所以像这种情况,对于白1打,黑2应在A位做劫上才是正确的。即便劫打不过,黑可在别处走两手棋,也会使棋形轻灵。

图1-32 是由"双飞燕"定式下出的棋形。白1打虽然征不

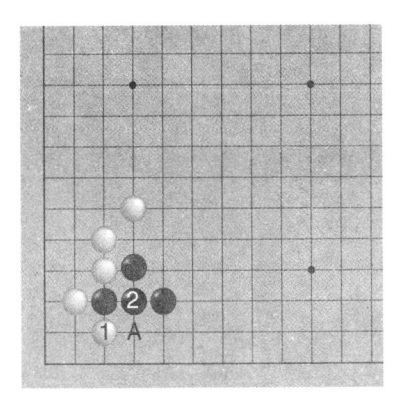

图1-31 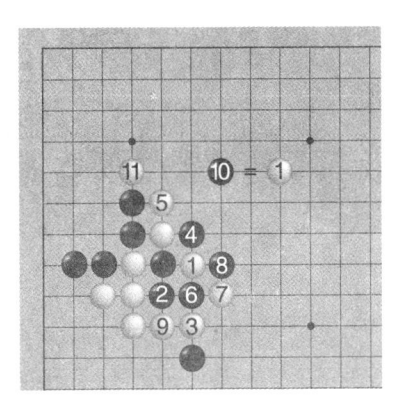　　　　　图1-32

掉黑△的一子，但此时黑2若逃出却是恶手。白3枷为好棋，以下至11黑棋被包打，成重滞的恶形，黑明显大损。

图1-33 黑占星位后，又在两边大飞守角，如此结构也属恶形。因为此时，图1-34 白1点三三可轻松地夺角，至15是白求安全、净活的下法。黑则是用了三手棋，既未拆边，也未能守住一个角，效率极低。

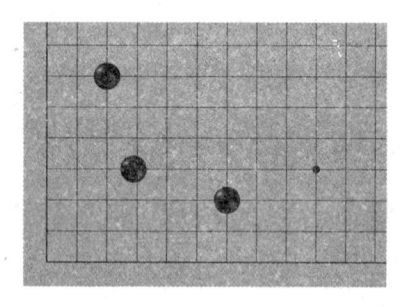

图1-33 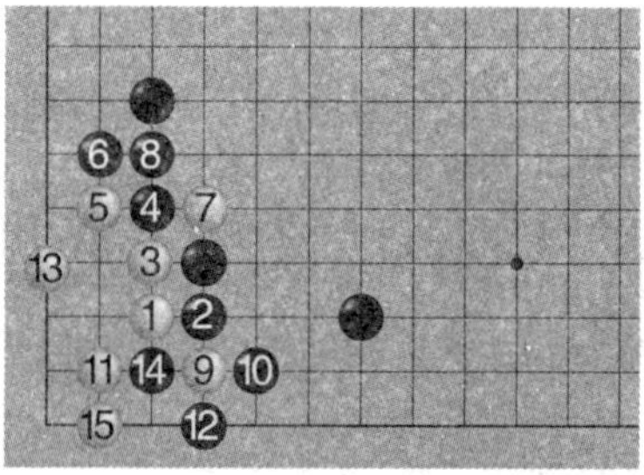　　　　　　　　图1-34

图1-35 是实战中会经常遇到的棋形。白1扳，黑2连扳是有力的一手，然而，当白3打吃时，黑4接便成了恶形，至9可以看到白棋大利。那么，到底是哪里出了问题呢？

再看图1-36，白3打时，黑4反打才是正确的应手，至12

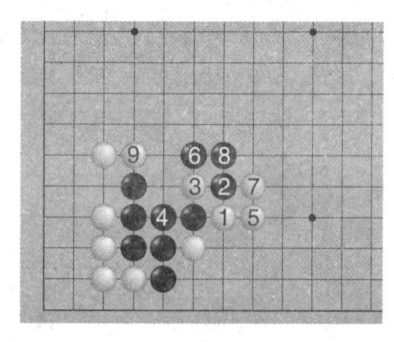

图1-35 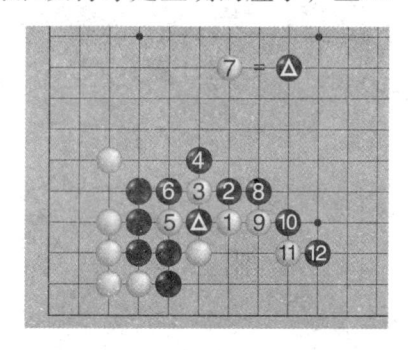　　　　　　　　图1-36

止，白棋显然不利。因此我们在对局中，不断加强对棋形的感觉，是极为重要的。

2. 凝形与子力重复

子力过于集中，凝聚在一起，被称为"凝形"。

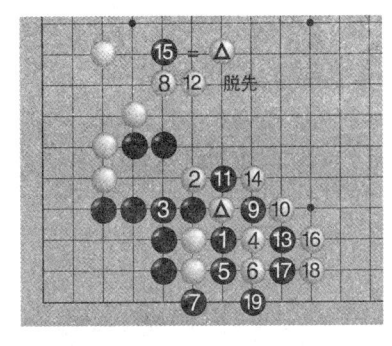

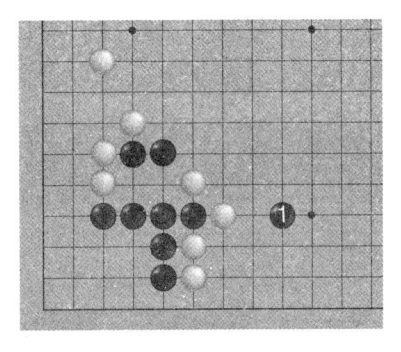

图1-37　　　　　　　　　　　图1-38

图1-37，黑棋角上活得很干净，以下花费很多手去吃白棋的残子，这便是典型的凝形。其实，此时占据大场和好点要比蚕食对方无用之子的价值高得多。像这个棋形，因为黑角已很安全，黑应按照图1-38，在1位一带整体攻白才是正确的着法。

图1-39的棋形，此时黑1托角，白选择了2、4这种下法，黑5扳，以下若走至18为"小雪崩"定式。虽说黑白

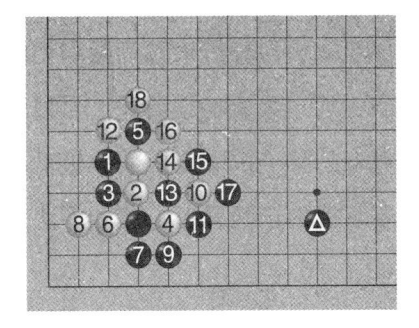

图1-39

双方皆未走错，且这个定式又被认为两分，但下成这样的结果，黑当初的△一子便显得间隔过窄，价值很小，这又是子力

重复的一例，也是黑棋定式选择不当的原因。

### 3. 废着与缓着

图1-40的棋形，在普通场合，黑1拆边便是有问题的一着，因被白2飞压，黑1一子便显得位置不当。此时黑5只能于6位长，如果局部仍按没有黑1一子时的定式走下去，那么至15的结果，可以说黑1一子近乎是一着废棋了。

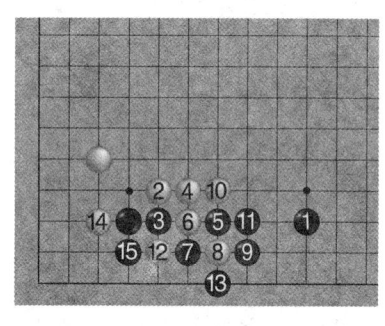

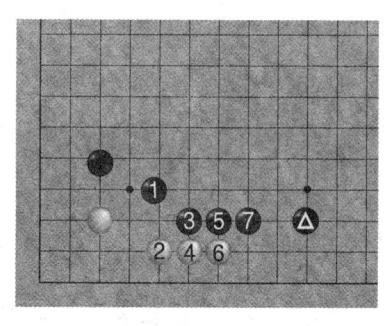

图1-40

图1-41

再看图1-41右方棋子的形势，黑1飞罩普通，行至黑7，白先手得角地，黑取外势，这样却是属于正常应接。然而从局部双方子力分析来看，黑当初的△一子便成为不急的缓着了。

通过废着与缓着我们可以看出，根据棋子的配合，设法使对方的某个棋子变成效率极低的废着或缓着，这也是布局中需要掌握的正确思考方法和下法之一。

## 05 建立根据地

建立根据地，就是使一块棋具有两个以上的眼位，即成为活棋。如果没有眼位或仅有一个眼位，使之就成了一块孤棋，受到逼攻，后患无穷。有关根据地之着，同样是布局上的大棋。

图1-42的A位是一着有关双方建立根据地的大棋。初学者断不可轻视。

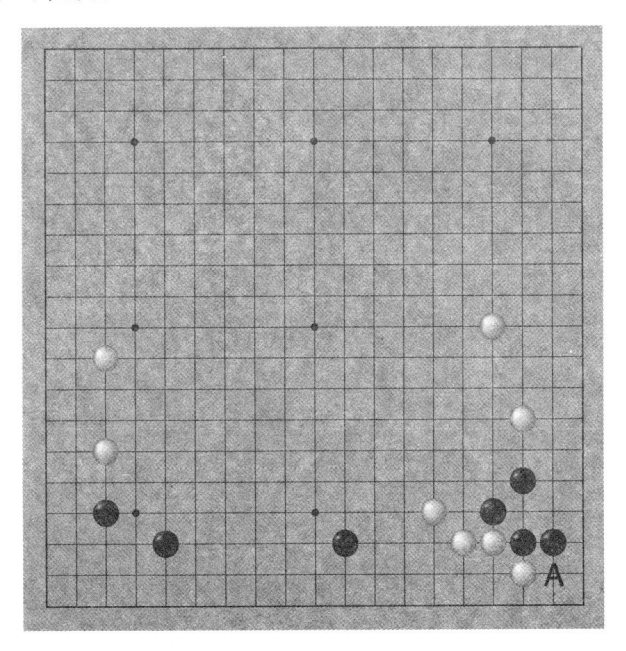

图1-42

那么，常用的建立根据地的其他方法有哪些呢？

1. 三线拆二

图1-43 白1小飞进角,黑2尖三三守角,白3三线拆二建立根据地,这是星位小飞挂角守角定式。定式过后,黑白双方各有根据地,也就确保了自己的安全。

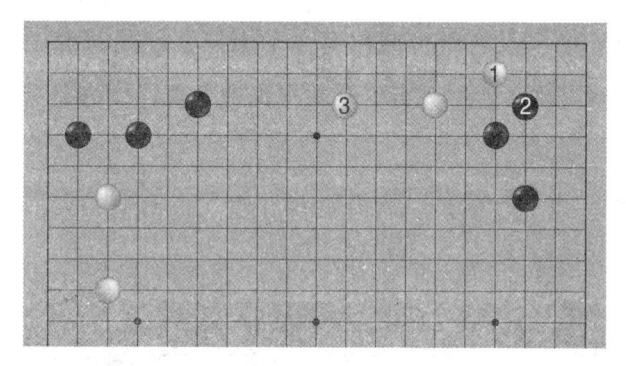

图1-43

图1-44 若白棋没有拆二建立根据地脱先了,此时黑1逼住,白棋没有根据地,只能被迫出逃。白2跳起逃跑,黑3追击,白棋不利。白棋无根据地,处于危险境地,疲于奔命,而黑棋在攻击中获利不少,左右安定,则形成厚势。

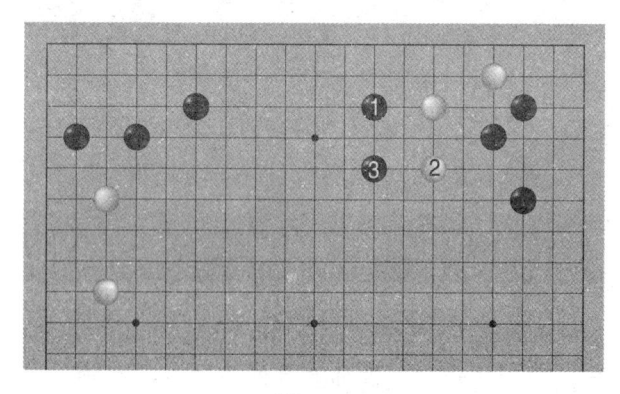

图1-44

## 2. 立二拆三

图1-45 白1立二拆三建立根据地，这是小目托退定式。至此，黑白双方各有根据地，暂时安定。

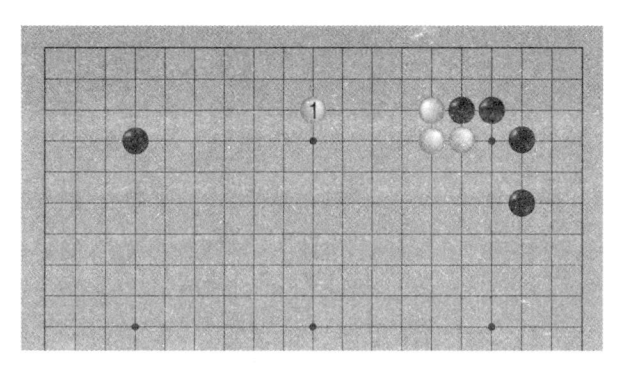

图1-45

图1-46 如果白棋没有立二拆三建立根据地脱先了，那么黑1逼住夹攻，白2勉强拆一，黑3跳起，白棋则无根据地，不安定，只能4位出逃。此时黑5拆二边攻边守，形势将非常有利。若白4未逃，被黑棋占据A位，白棋则完全处于被动，甚至有可能被歼灭。

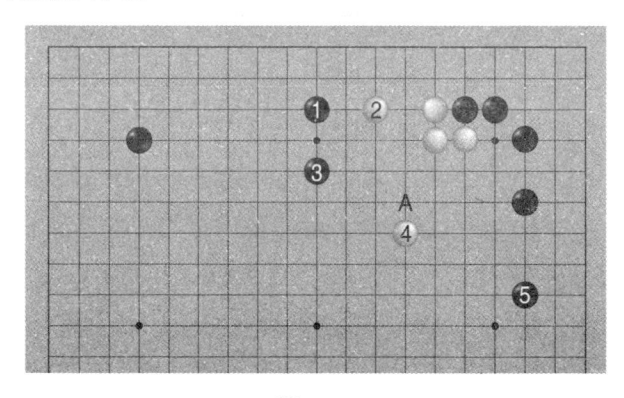

图1-46

### 3. 小尖

图1-47 黑1小尖是确保黑棋根据地的要点。此时黑棋不但处于安稳局面，同时在A位以后攻击中，也将处于有利地位。

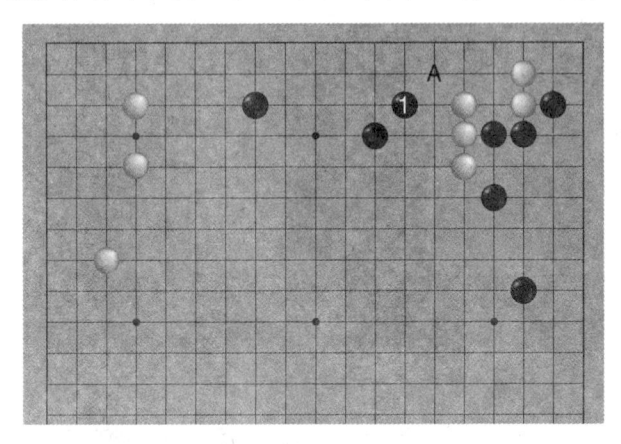

图1-47

### 4. 小飞进角

图1-48 白5小飞进角建立根据地，黑6拆边，若白5脱先抢占其他大场，黑A位尖顶，白1、3两子根据地将会不复存在。

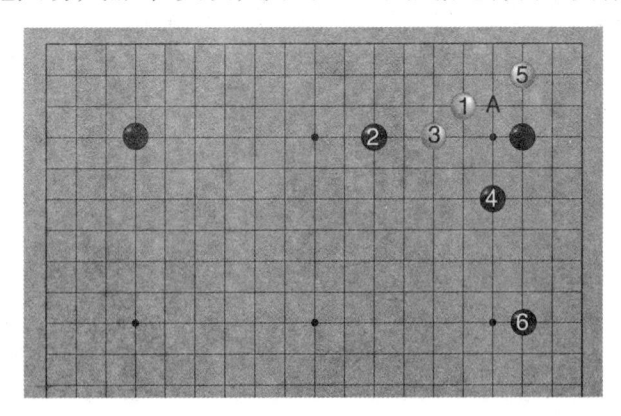

图1-48

## 5. 二三线大飞

图1-49 为星位二间高夹定式演变而来。白1大飞是必走的一步棋，虽然处于二线低位，却是建立根据地的要点，不可以忽视。

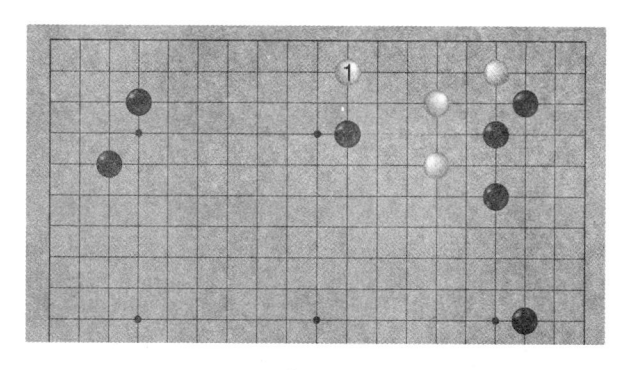

图1-49

图1-50 若是白1脱先没有大飞建立根据地，黑1刺，白2为防则被冲断只能粘，此时黑3接挡取了白棋的根据地，白棋因此处于被动，以后黑棋在A、B、C中任意一点进攻白棋，都将是要点。

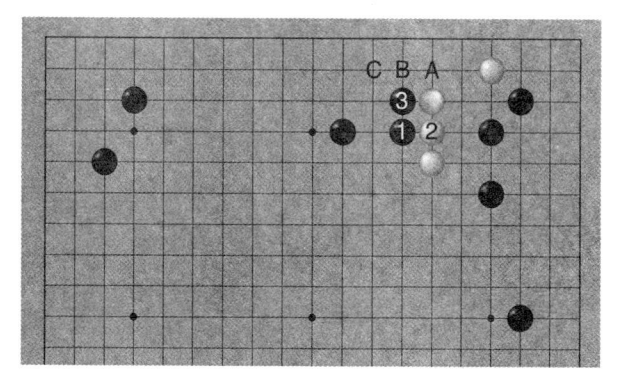

图1-50

## 06 拆地与夹攻

### 1. 拆地

在边上不论向左或向右发展，都称为拆。

拆地一般都在三、四线上。

图1-51中，布局阶段在三线上走拆二为活棋形。

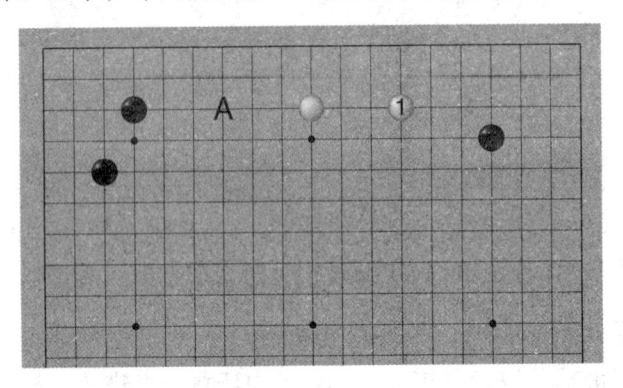

图1-51

图1-52中，立二可以拆三。

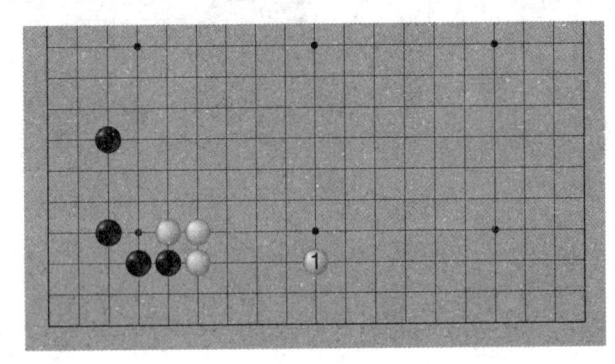

图1-52

图1-53中，立三可以拆四，立的子数越多，势力就越强，可以控制的范围就越大。

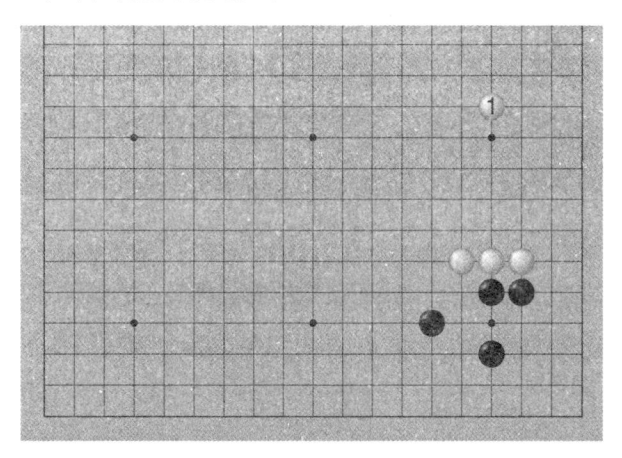

图1-53

拆地还应注意两个问题：

图1-54中，一是一般不要接近对方的厚势，以免遭受攻击。如图，白应于A位拆二，不应在B位拆二。二是拆地兼攻

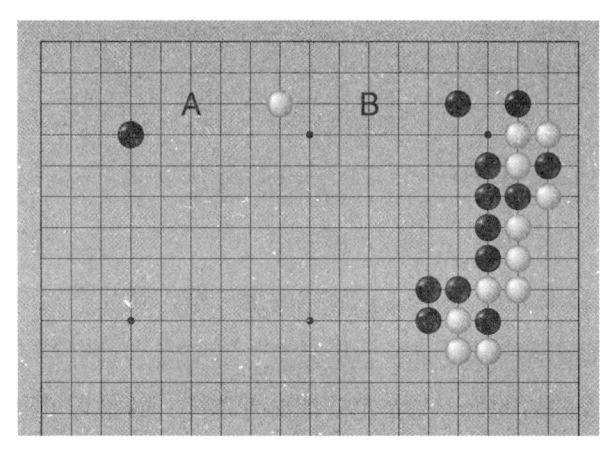

图1-54

击对方的孤子。

图1-55中，白1是拆兼攻的好点。

## 2. 夹攻

配合角上一子夹击对方一子，叫"夹攻"。在三线上夹攻叫"低夹"，在四线上夹攻叫"高夹"。

根据距离的远近和高低去夹攻对方，一般有六个部位。

如图1-55，走黑1叫"一间低夹"，走A位叫"一间高夹"，走B位叫"二间高夹"，走C位叫"二间低夹"，走D位叫"三间高夹"，走E位叫"三间低夹"。

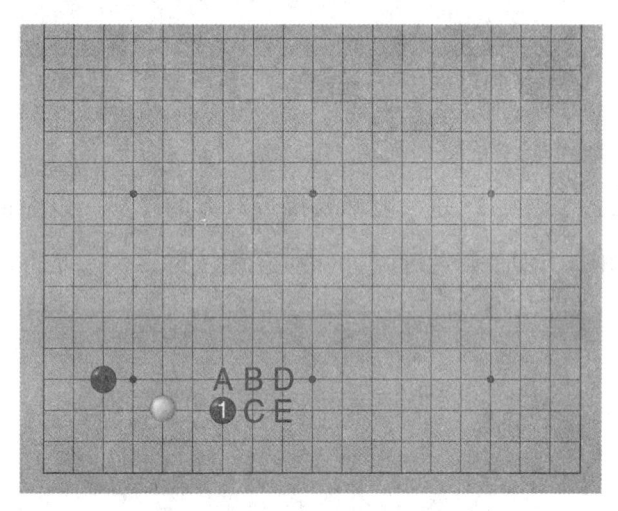

图1-55

除此六点外，如果走的距离再远一些，就起不到攻击的作用，不能称为夹攻了。

夹攻的目的绝不是一定要把对方吃掉，而是为了阻止对方拆地，破坏对方边角势力连成一片。同时，借夹攻对方使自己能够拆地，图1-56就是很好的例子。

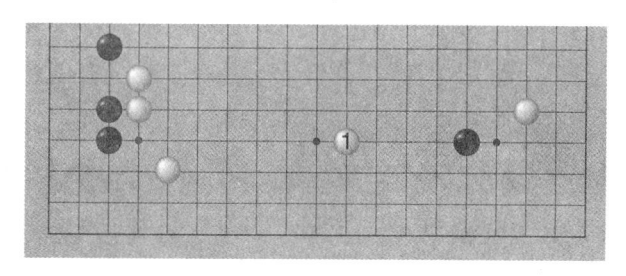

图1-56

拆兼攻是攻守兼备的好着，容易取得全局的主动权，所以是高手下棋经常采用的手段。

3. 分投

在对方阵势中选择左右都有拆二余地的着点投子，叫作"分投"。图1-51就叫作分投，如黑在白1位拦住，白就在A位拆二。图1-54白子在A、B两点均可拆二，就是分投的最佳点。

在布局阶段，分投能够有效地防止对方夹兼拆，破坏对方阵势连成一片，而自己又能较安全地立在其中。选择分投点注意不要在靠近对方厚势的地方拆二，图1-57这样白子拆二太

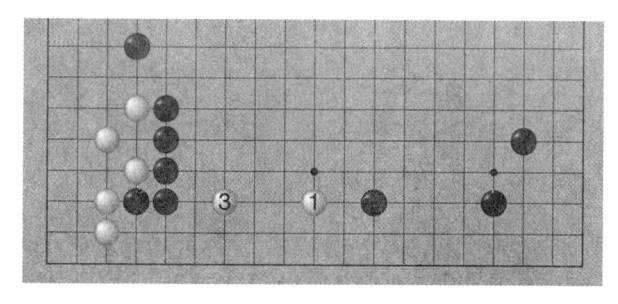

图1-57

贴近黑方厚势，反觉不安。要选择最大限度地限制对方阵势扩展的分投点，图1-58。

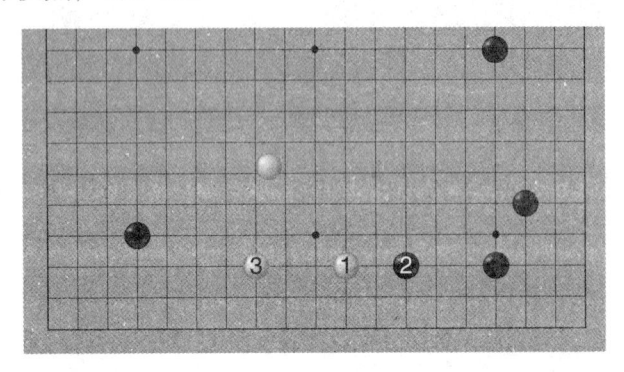

图1-58

分投是布局中常用手法之一，其目的是为了防止对方形成过大的势力或构成过大的地域。通常是在对方势力范围中央一带的三路边上，选择合适位置投子。如图1-59，白▲落于右边黑棋上下两方势力之间，这是一种典型的分投手法。

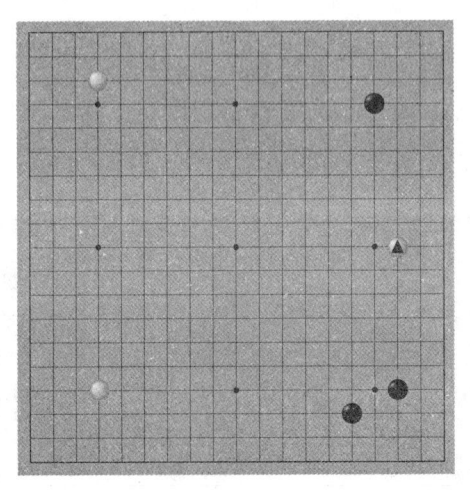

图1-59

## 07 实地与外势

"实地"就是已经占有而对方又很难攻入的地域。

"外势"是在对方实地外面形成一个比较大的势力范围,但还没有取得完全肯定的地域。

有了较大的外势,可以构成大模样或开拓较大的地域。

图1-60中,白1利用右上角的外势开拓较大的地域,还可以攻逼对方。

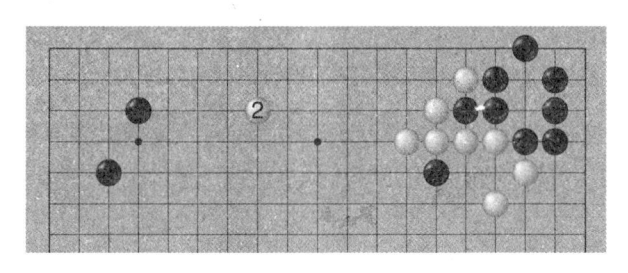

图1-60

图1-61中,黑1利用右面的外势,既拆地又逼攻白△一子。

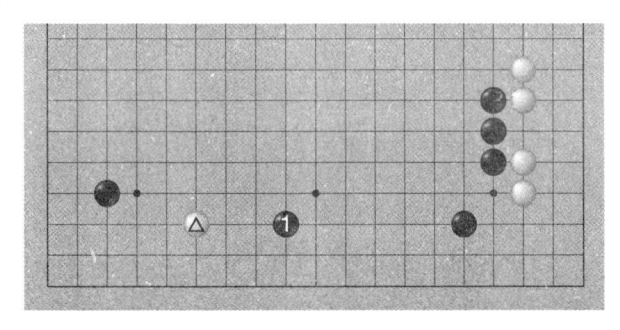

图1-61

实地与外势在一般情况下是对立的,在对局中,什么时候占实地,什么时候取外势,要由全局形势来决定。虽然每个人的棋风不一定相同,有人喜欢实地,有人喜欢外势,但是都不能过分。

图1-62中,白方仅得20目的角地,反使黑方的外势过大,因此白的走法是错误的。

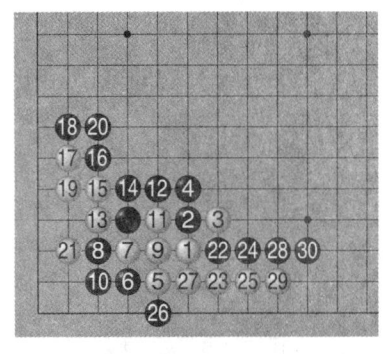

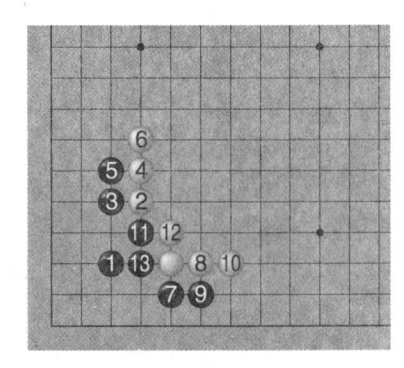

图1-62　　　　　　　　图1-63

外势就是指由外围棋子所组成的阵线,其特点是能够形成一定的势力范围。如图1-63中黑1投入白方目外,进行至13为常见定式之一,黑方得实地,白方在外围构成"外势"。

## 08　选三路还是选四路

初学者看到布局的时候大多数棋都是下在三路或者四路，心里不由得生起了很大的疑问：到底三路好还是四路好呢？

过去有一个图形图1-64，被一些书上用来说明三路比四路优越的原因。理由是这样的：

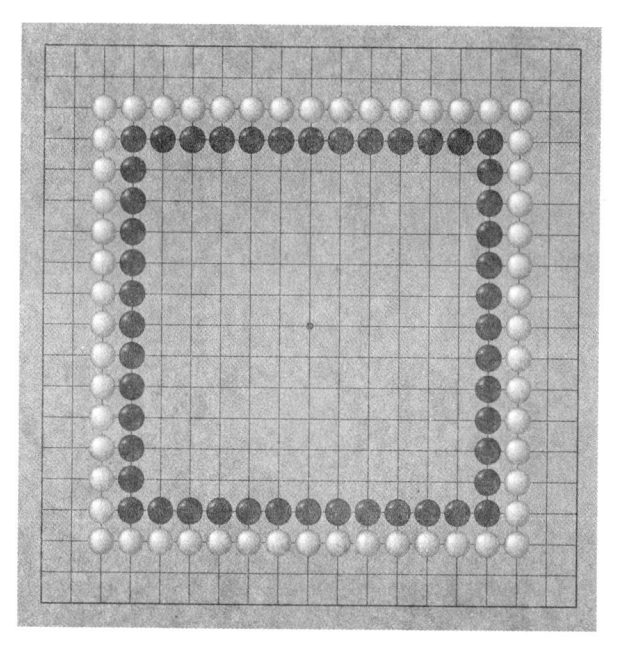

图1-64

在三路下的棋取得实地，一共是$19^2-13^2=192$；也就是说，占了三线要比占四线多得到192-169=23点。

但是，有一点要弄清楚，这23点是怎么得来的？围住三线的大圈子用了4×14=56个子，而围住中央的小圈子只用了4×12=48个子。所以两者的差距竟然有8个子，如果承认两者差距有8个子（相当于被让8子）那当然不好争胜负啦。我们知道如果现在的围棋贴目制度合理的话，每先行一手是要贴二又四分之三子，所以还是四路围的效率要高些。

更为有趣的是，如果我们把四路与五路做比较，结果可就差太多了，五路围的一方围住一个11见方的121点格子，用了40步棋，而四路围的一方用了48个棋子，围的地盘达到240点，几乎大了整整一倍，这就提醒了我们，五路下棋是空了一些。

回头再来看四路和三路的争夺：虽然四路效率高一些，但是四路的地盘毕竟有限，而三路却有优势得多，这就是近年来布局以四路开局的"中国流"（两个子在四路，一个子在三路），二连星（都在四路）要比单纯的小目多的原因。而三三现在很少用了。

围棋的星位放在四路而不是放在三路不是偶然的。古代的坐子放在四路也是有道理可言的。

现在我们来看各种布局类型的守角法。因为我们既然知道围棋的三路和四路最重要，当然更说明角重要。守角的方法有图1-65中所示的几种。

对于每一个角的进攻或者分割，一般也是从对方要防守的点开始的，这在术语里称为挂角。这个图说明了四个角的一般开局情况。为了说明三三的情况，我们用了白4这着棋。黑棋选择白棋最软弱的三三为进攻的第一步，在两手的攻防中，把白压缩在比较矮的地方。

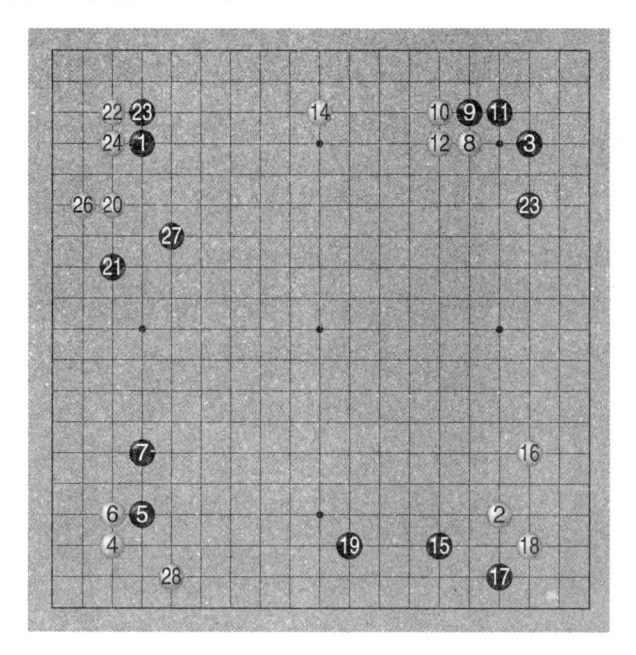

图1-65

围棋盘上三路线被称为"地线"，在地线上行棋容易将低路上的空地围住。四路线被称为"势"，虽然不能完全控制住低路，但是对高路的围空很有帮助。

## 趣味链接

三国时的吴国丞相顾雍是有名的棋迷。吴太子孙和反对下棋,把下棋说得一无是处。顾雍权高位重,对太子的话装作没听见,照旧在宫邸与宾客对弈。

有一次,棋战正酣,顾雍在外地做官的儿子顾劭重病身亡了。他闻讯面不改色,对弈如故,但是在棋桌下面,却用力以指甲掐手掌上的肉,掐得血都流了出来,以发泄心中的痛苦。

## 围棋口诀

布局掌握三原则,先占空角最重要,挂角守角是次序。
拆边分投要先走,布局关键占要点,切莫贪吃走小棋。
急所大场抢先占,立二拆三三拆四,高低配合是棋理。
开局棋下三四路,五路太漂二路扁,分投定要位置好。

## 围棋规则

先占角,后走边,中间有个草包肚。
三线地,四路势,高矮互配封住口。
抢实处,扩外势,二翼展开连一片;
行宽处,勿拥堵,有双拆二分为投。

# 第二章 布局要领

在了解布局基础知识以后,还要了解布局三项要领:布局速度要快,子位置应高低协调和要放在急所。布局是一盘棋的基础,这阶段最能充分发挥棋手想象力。

## 01 布局速度要快

布局的步调也可以称为"速度",在围棋的布局中经常能听到"速度"这个术语。在布局阶段,所谓速度快,就是充分发挥每一手棋的最大能量,把局部得失看得轻些,通过快速占领各处要点争取全局的主导权。

在现代围棋中,很多高手都把加快速度、力争在全局上掌握主动作为自己布局的指导方针,而往往把那些速度慢的布局与失败的布局相提并论,尤其是那些喜欢大模样作战的棋手,更把布局的速度视作全盘成败的关键。即使是执黑先行,由于有贴子的负担,加快布局速度以充分利用先着的威力同样是十分重要的。

**例一**

清代大国手施襄夏曾在其总结的棋诀中指出"决胜负之源于布局"。

图2-1中,白1占小目后,角还不干净,一般以后要先2位守角,第3手棋才开拆到边上。

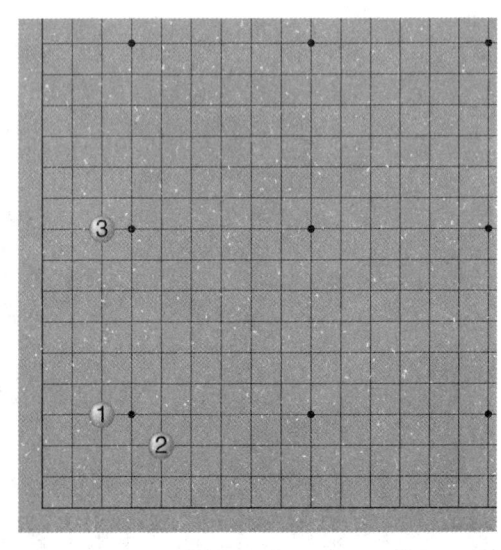

图2-1

图2-2中，星位占角后速度就比小目要快了，黑1占星位后，2、3迅速控制了两条边，而A位的三三弱点在布局初期是不必过虑的。

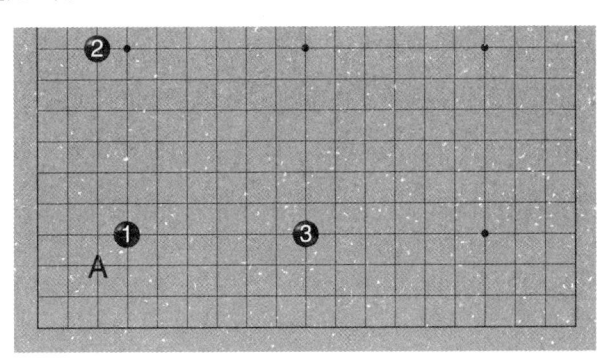

图2-2

如果执白棋，只知守角而忽视布局的速度就更可怕了。

图2-3中，白棋6、8连续守了两个角，第10手才拆到边

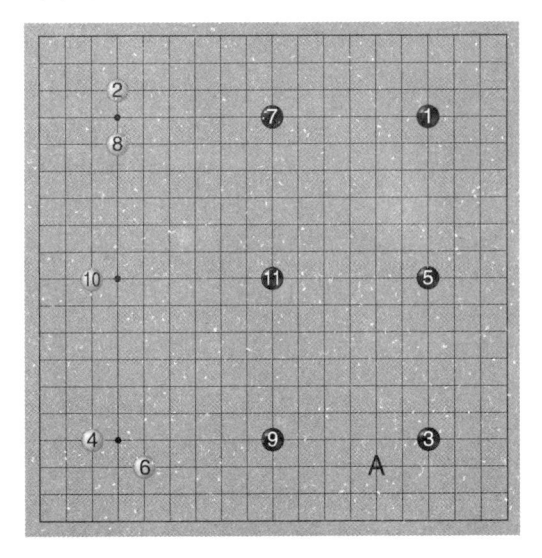

图2-3

上，结果也只控制了一条边，而黑5、7、9连续控制了三条边，最后又于11控制中央。

布局至11已是黑稳居上风了，白布局的失败是显而易见的。究其原因，只知单纯守角是不行的，即使走了图2-3中2、4的小目，当黑5加快速度时白6已可考虑于A位挂角了，就算白6尚可，在黑7又占了一条边后，白无论如何应A位挂角了，执白棋遇黑大模样作战时，连续守两个角是注定要吃亏的。

**例二**

重视布局的速度不只体现在占角的方式上，即使走星位，偏于一边也是不行的。

如图2-4，走星位，尤其是三连星是重视速度的布局，但也要注意防止偏于一边，如图至14白布局成功。这是一个很有

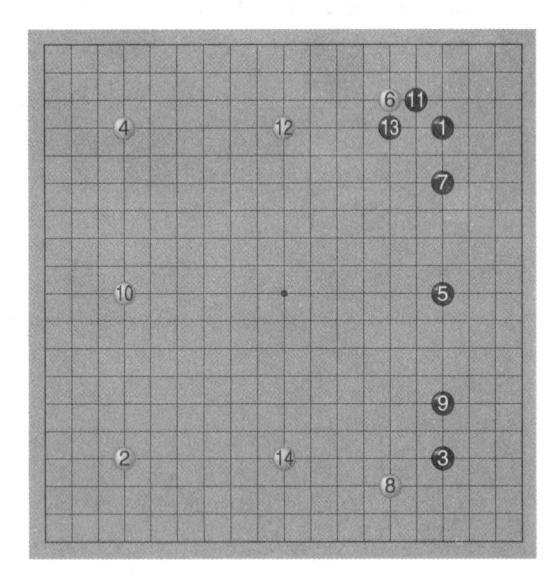

图2-4

趣的构图，黑的每一手棋似乎都是符合棋理的，而至14却落后了，问题出在哪里呢？

至白8双方布局应该是没有问题的，搜索应从黑9开始。

黑9虽然是一种本手，但下于11尖顶追白脱先是非常有趣的，变化像图2-5、图2-6。

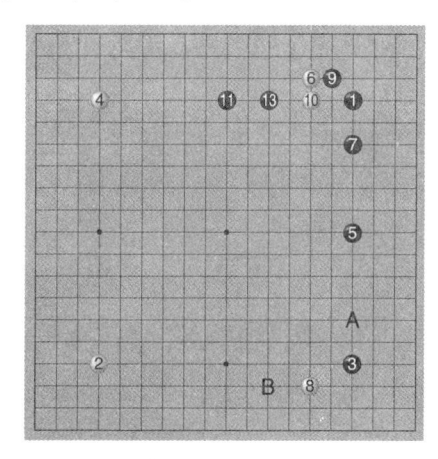

图2-5

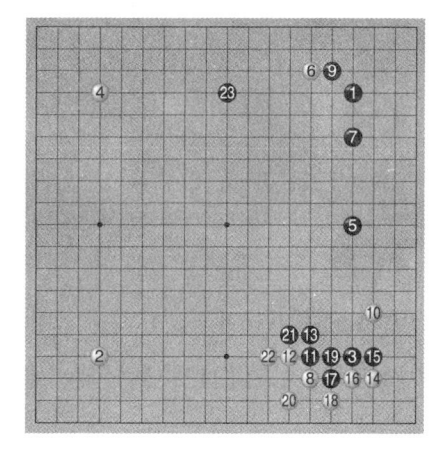

图2-6

图2-5中，黑9顶时白10若长，则变化至13，白明显重，脱不开手，A、B等处大棋将为黑抢先占领，对白极为不利。

图2-6中，黑9顶时，白若脱先于下边10位双飞攻黑3，则黑选择11压，以下的简明变化至22抢先手23攻，全局仍是黑简明有利的形势。

图2-4中，黑9有更好的下法，但是导致局面最终落后的却是棋形中的黑11。

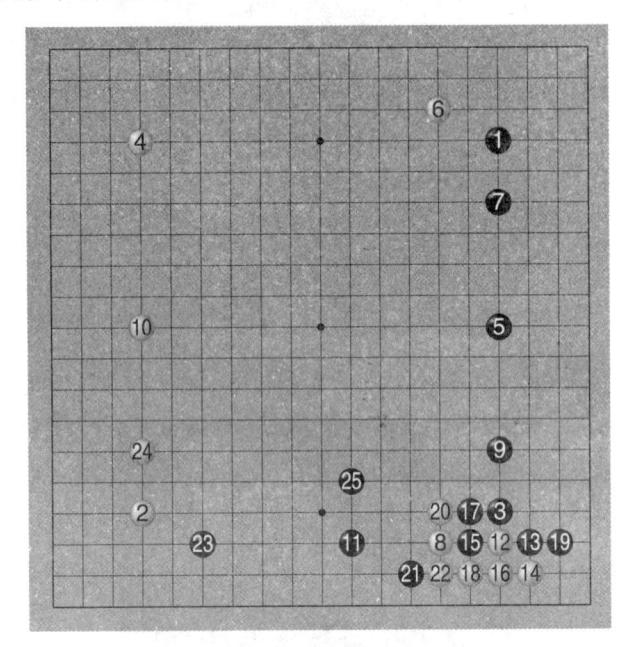

图2-7

图2-7中，黑11抢占下边夹击白8一子，白12如在13点外面下，图2-8中黑有利，如在白12位落子走流行变化至25仍为黑不错的局面。

图2-8中，白12若下于11外，则不大好，局部至27黑太厚，白28虽抢占了上边大场，但黑29、31张势后下边、右边已近实地，而白左边、上边尚感空虚，所以至31黑优势明显。

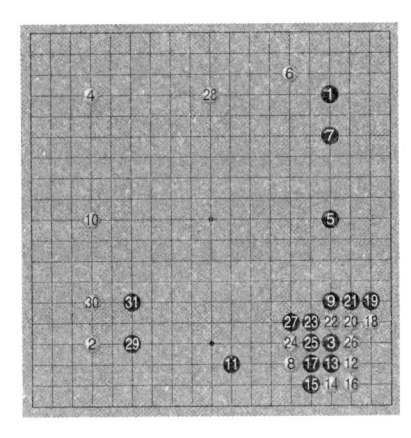

图2-8

### 例三

图2-9为一个布局的实战例。行至12时，双方都极为普通。黑13构成三连星是贯彻起初二连星的布局方针。这时，白

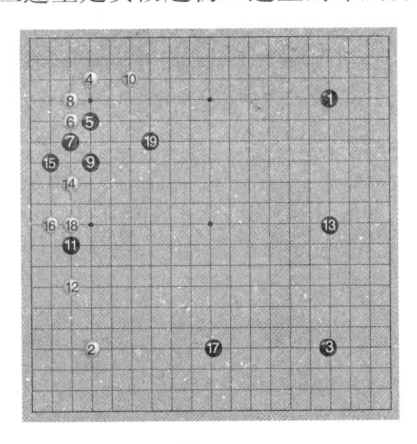

图2-9

14一般以在A位挂角较为妥善，如图立即在左边打入则显得过急。白14打入、16飞从局部上看虽说为严厉手段，然而此时黑将左边放置，脱先抢占17位的绝好大场，这便是注重速度，也是黑方灵活的布局设想。以下至白18补、黑19逃均无可非议。

图2-10 与图2-9虽结果一样，但进程不同。黑11构成三连星虽为极好的大场，但不在左边拆却是不对的。然而，白12守角过于消极，此时当然应于A位攻，白12的问题使得黑11的错误得到了弥补。黑13再抢占大场，接着白14点后16拆一的下法令人感到奇怪，从攻击黑棋的立场来看不可理解。

以下对黑17碰，白18下立又实在软弱，委屈地被黑棋得利，着实难以忍受。故行至19，白在大局上已经落后。两图对照，图2-9中黑棋的布局无疑是快速的、有力的。白14一般以在A位挂角较为妥善，如图立即在左边打入则显得过急。白14打入、16飞从局部上看虽说为严厉的手段，然而此时黑将左边

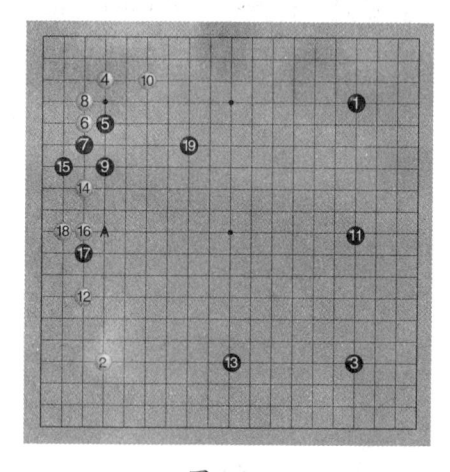

图2-10

放置，脱先抢占17位的绝好大场，这便是注重速度，也是黑方灵活的布局设想。以下至白18补、黑19逃均无可非议。

而继具有速度快、效率高等特点的"中国流"布局广为棋手所重视、喜爱并盛行之后，近些年图2-11、图2-12这样的快速布局也颇为流行。这类布局的出现和日益盛行，正体现了棋手们对棋子高效率的追求。

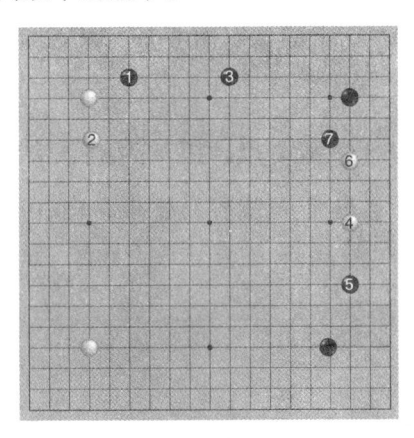

图2-11

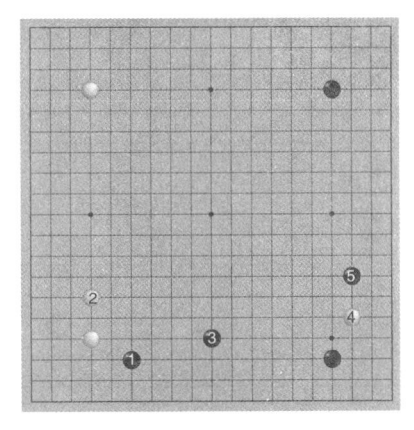

图2-12

## 02　子的位置应高低协调

在布局初期，下子应位于三、四线上，但何时位于三线，何时又位于四线，却是一个很深奥的技术问题。一般来说，三线的子因相对稳定，多用于建立根据地；四线的子效率较高，多用于使己方的阵营更加庞大、完整。

**例一**

图2-13　白6于三线分投，黑7亦着于三线，当白8拆逼黑7一子时，黑9拆二位于三线容易生根，白10亦于三线巩固根据地。

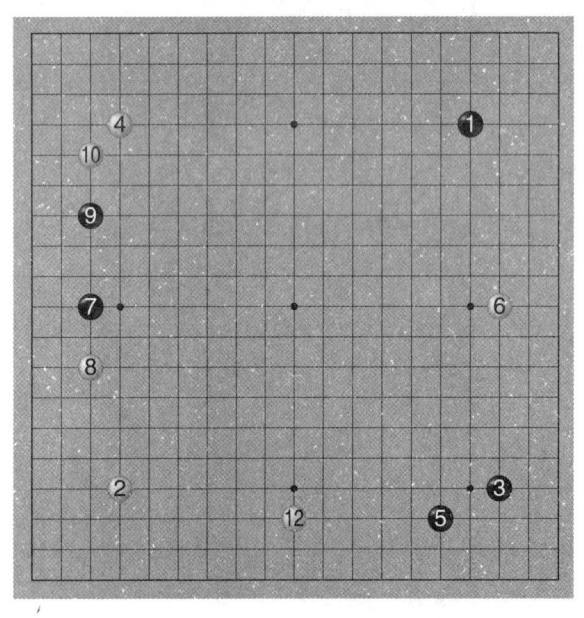

图2-13

图2-14中,当黑7逼时,白8若于四线高拆则不好,黑9尖后由于有A位的飞与B的打入,白形极不安定。

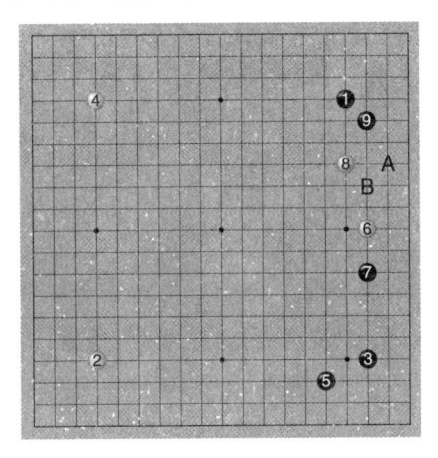

图2-14

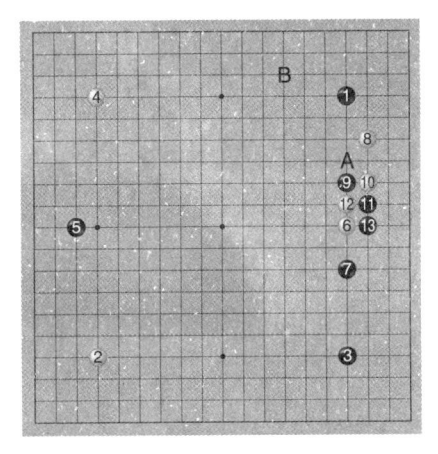

图2-15

图2-15中,白6于高位分投有疑问,当黑7逼时白8更不好,黑有如图走9以下分断白棋的严厉手段。白8恐怕只好于A位高拆二了,不过即使这样黑于B位大飞后仍是黑占有利的局

面。

图2-16 右下角，在常见的托退定式后，黑于15位尖是正解，将来于A位高拆与左下形成极完整的实空。黑15于B位拆则不好，因左下位低，右下若仍走低位将来难于发展。

例二

图2-17中，白6挂时，黑于7位一间关应是正解，与黑5低

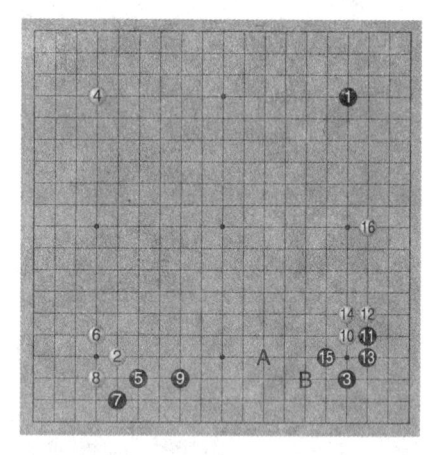

图2-16

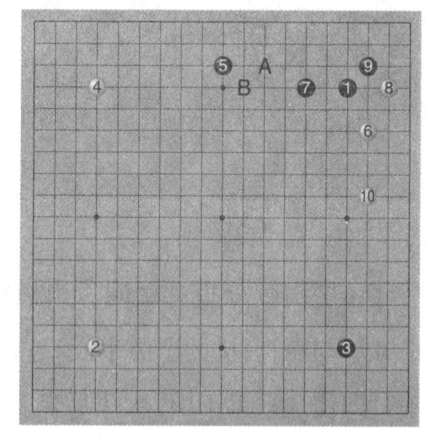

图2-17

拆一子，形成很好的高低配合。将来白于A位打入时，黑只需B尖就可将白子制住。

图2-18中，白6挂时，黑7小飞俗手，与黑5一子配合极恶。黑不但围空效率不高，将来白于A位打入，黑B尖，白尚有C尖周旋的余地。

例三

图2-19中，当白1关补时，黑于2位高拆与左边黑△形

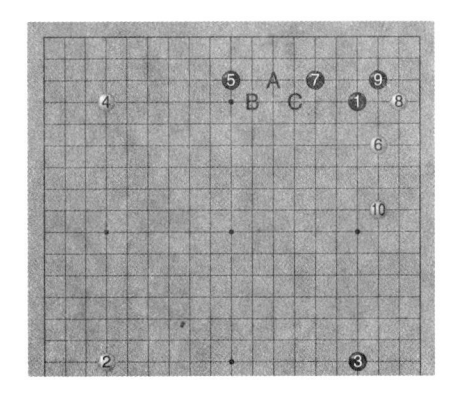

图2-18

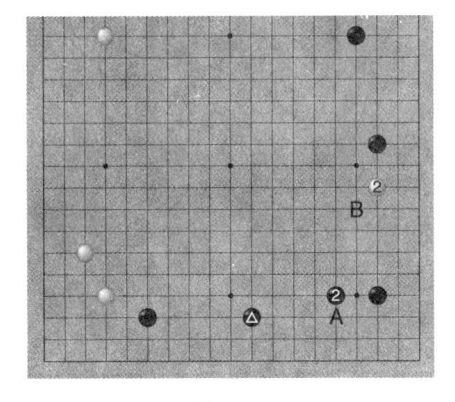

图2-19

成极完整的结构；若于A位低拆则显得扁了，而且对白子的压力也不大。图中白1关补是本手，若不补黑，有B位点的手段。

图2-20中，当白1拆二时，黑2位单关应是本手，右下一带将形成很理想的结构。图中2位单关若于A位守则如图2-21。

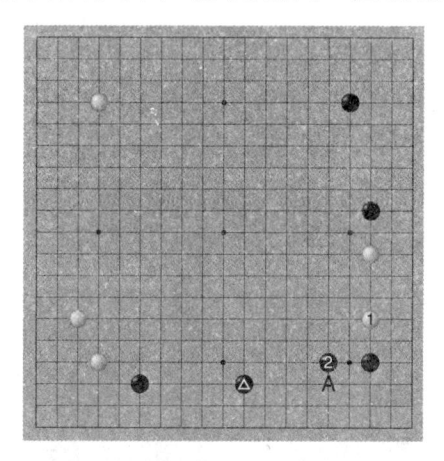

图2-20

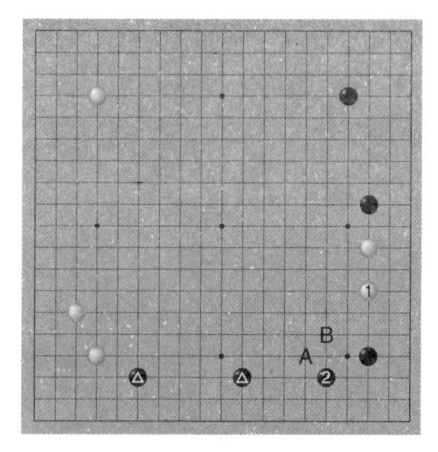

图2-21

图2-21中，白1拆时，黑若于2位小飞守角则与左下配合失调，如图所示黑2与黑△两子均处于低位，将来白尚有以A或B位侵消黑阵地。

**例四**

图2-22中，黑1拆与A位拆建立根据地都是正解，不同的是若黑1位拆，当白B时黑可脱先，若黑A位拆时，可在白B位逼，黑一般于C位关补。

图2-23 本图仍为常见局面，白刚△位拆。如图所示黑1二

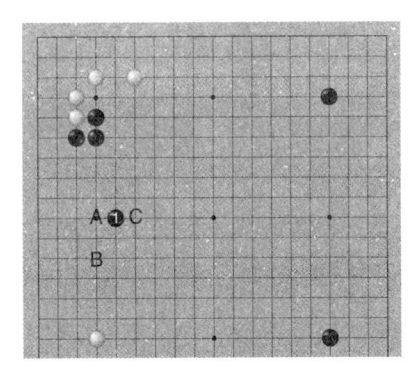

图2-22

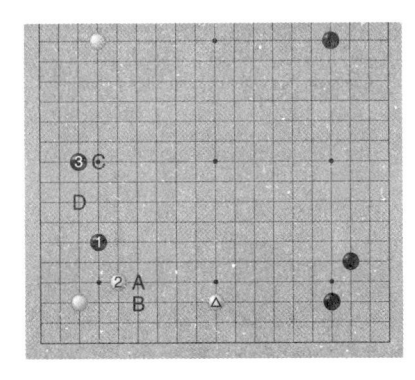

图2-23

间高挂为挂"3"的常见挂法之一，白于图中2位飞加高或于A位飞都可视为正解。

例五

图2-24中，黑3拆后，白若于4位打入则黑有5位碰的手段，如图正常应对至白8，黑于9位压，白4一子已难于动弹，白2着于A位时结果一样。

图2-25中，黑3若高拆，结果就不同了，如图，白4打入时，黑仍用5位碰的手段，但至白8，黑无论如何也吃不住白4一子了。由以上各图可见，布局阶段重视子的高低协调有多么重要。

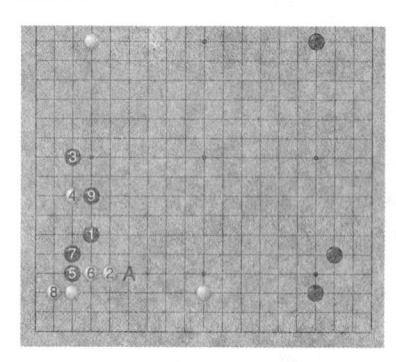

图2-24 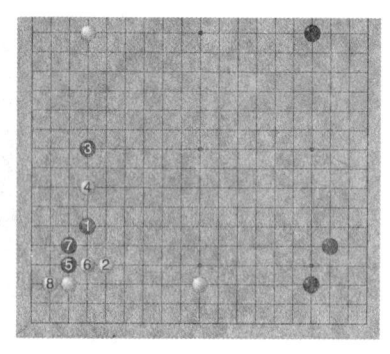　　　　　　　　图2-25

## 03 追求棋子的高效率

棋盘中,每一颗棋子都有它的作用,而这些棋子看似平凡,有时却能决定整盘棋的走向。因此,追求棋子的效率,是我们不得不重视的问题。那么,该如何让自己的棋子效率非凡呢?这就需要我们注意以下几点:

### 1. 下出正确有效的棋形

图2-26是高目定式中出现的形状。黑6飞后,白A位存有断点,白若A位接,形状显得笨重呆板。此时若白7大飞补,则棋形生动,不但防住了A位断点,而且对发展和控制中腹形势相当有利。

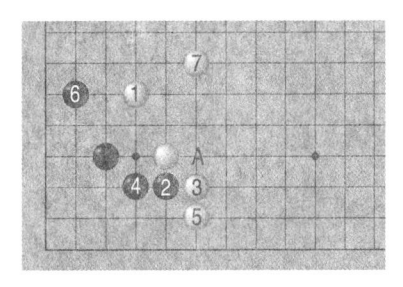

图2-26

图2-27中,下一手白欲出头。此时若1位关出,虽然形状好看,却忽略了黑2挖后4夹、割断白棋的严厉手段。所以这里应如图2-28白1上长为佳,形状虽笨拙,却是安全的一手。

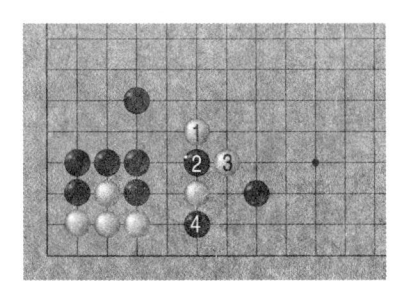

图2-27

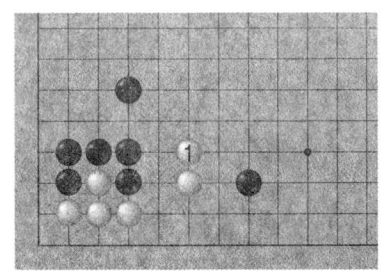

图2-28

图2-29 轮到白棋下。白1虎补棋形绝好。若下A位立，被黑B位一飞，则会失去根据；若下C位曲，被黑A位扳角，则难以忍受，白1虎可谓是两全齐美的一手。

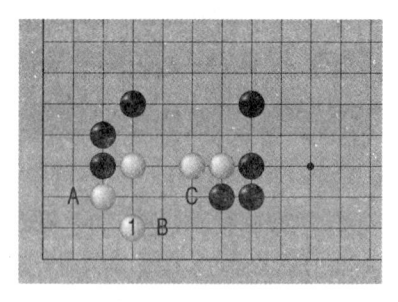

图2-29

## 2. 莫失变化

图2-30 为一个定式常型。常有白1先压一手然后再于3位补的走法，总以为白1压是先手得利，其实不然。白1与黑2交换是一步很不划算的棋，应当先手于3位补才是正确。

因为，白棋以后存有A位飞或B位罩的下法，还有C位拦的有力手段，所以，如白1这样轻易地将种种变化丢去，无疑降低了白方棋子的效率。

## 3. 保留权利

保留权利与莫失变化大同小异。

图2-31 的棋形，为"大雪崩型"的一个定式。此时，黑

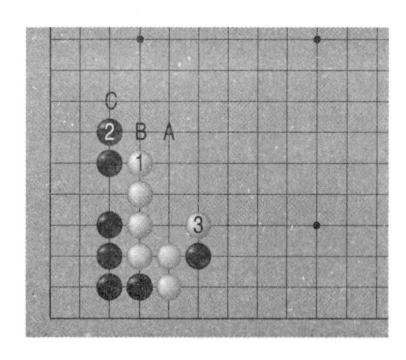

图2-30

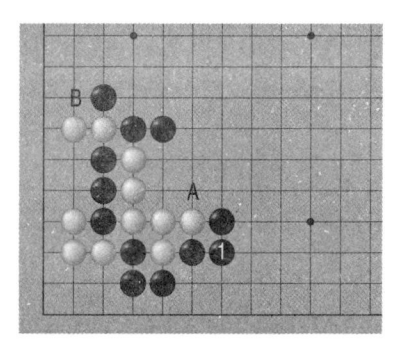

图2-31

1接正确，以后黑下A位或B位两处均为绝对先手。当布局初期，难以比较下A位取势和下B位取左边这两处价值明显大小的情况下，轻率地走完定形有些可惜。

如果将A、B两处保留，引而不发，见机行事，使得对方在他处行棋时受到约束，这才是最为明智的策略。

4. 一子两用

图2-32 这样的配置，黑1采取二间高夹的手法，白2若小尖应，以下黑3大飞，待白4飞角后，黑5占据拆兼夹攻、一子两用的绝好点，这是追求高效率的下法。

若是黑棋限于定式，黑3下A位小飞，黑5拆至B位，虽自身比较坚实一些，但由于对右下白一子没有夹攻的意义，因而平淡无趣，不能说是积极的着法。

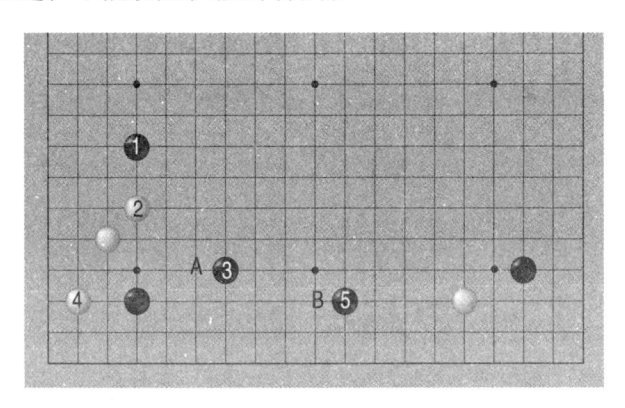

图2-32

5. 重视次序

在双方棋子的接触战中，行棋的先后次序往往对全局的优劣起着很大作用。

如图2-33为实战中常遇到的棋形。黑1尖顶，白采取2、4扳粘的应法，以下对于黑5、7连扳，白8点后10位打吃再12位退，便是正确的好次序。反之白8先手得利，若先下10位打吃，以后再8位点，黑便不一定于9位接。又白10若不打而先于12位退，以后再下10位打时，黑则不在11位接而肯定改为A位包打。在对局中遇到这类地方，我们需要格外注意。

### 6. 利用弃子

弃子手法是围棋中的高级战术之一。运用弃子战术，使得多方得利，也是发挥子效的一个有力手段。

图2-34的棋形，黑△一子已无活路，若即于3位或7位打吃，则会被白1位一手提净，黑无便宜。此时黑1立下多弃一子是关键，以下行至白8的结果，显然黑先手会获利不小。

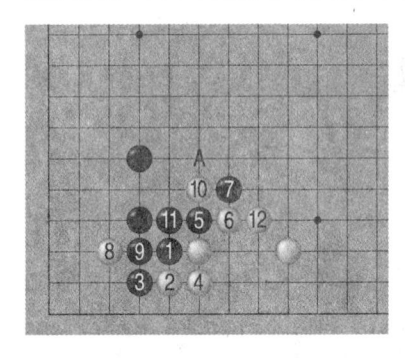

图2-33　　　　　　　图2-34

### 7. 着想最善的对策

"棋经"中有："深思而远虑，因形而用权。"就是说，我们下的每一局棋，棋形各异，必须要善于思考，根据当时的子力配合，设计出最佳的蓝图。

图2-35的棋形，白1浅消，黑2飞应，白3点角，这时黑棋应该怎样考虑？

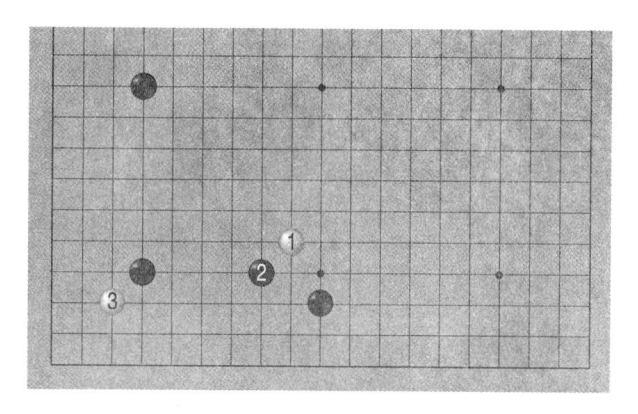

图2-35

此时，首先要考虑的是从哪一方向挡有利，其次考虑双方最正常的应接结果。图2-36和图2-37中，角上都是常见的定式下法，但若是这样下，不但角地被白先手夺去，而且此时看来，当初白△与黑△的交换白棋大利，黑棋难以忍受。因此，一定要着想最善的对策。

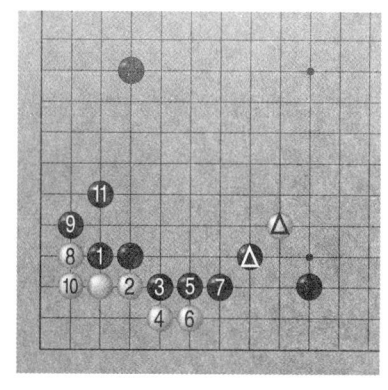

图2-36 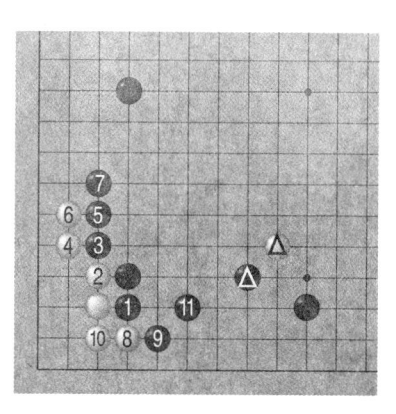    图2-37

图2-38，黑1挡方向正确，然后3、5扳粘颇有心计，至黑9的结果，不仅白棋角地的实利不及图2-36、图2-37，更重要的是使得白△与黑△的交换变为白棋大损的结局。

这便是白棋善于思考，因形而异，重视棋子效率的一个绝佳例子。

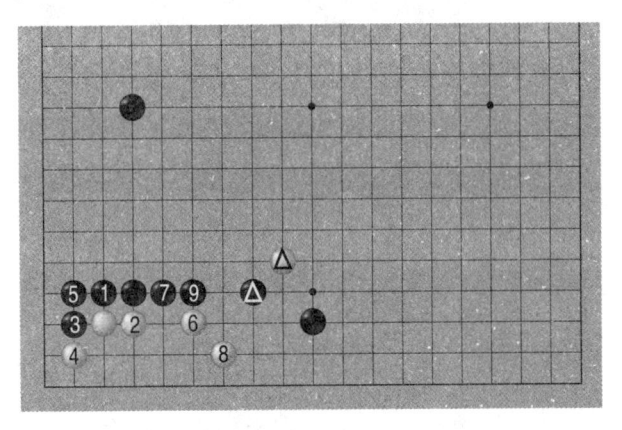

图2-38

我国古代有赌棋传统，其中一种赌法是"子彩"，按照胜负子数赢取彩金。子彩激励棋手追求更大胜利，因此清代大国手个个嗜杀，棋风刚猛。

当代AlphaGo（阿尔法围棋）把追求胜率的哲学推到了极致。在优势局面下，AlphaGo的安全运转非常稳，令人不禁啧啧惊叹。看上去目数上的差距好像缩小了，其实是AlphaGo早已算到胜率大于95%。若以追求更多胜局为目标，AlphaGo走的就是最善的下法，或者说很接近最善的下法。

## 04 小目特性

小目的位置占据了布局的基本线，即三线与四线的交叉点上，这是下小目兼顾实地与外势的意味。

三线易于根据，四线利于势力，在角上的5个着点中，保持均衡的下法就是小目。小目、目外和高目都有适宜的守角手段，因此，它们的挂角也就重要了。

守角是在占据空角后的下一步工作，是用两手棋确保角地。

小目守角有小飞守角、大飞守角和单关守角等。如图2-39的黑1为小飞守角，A位为大飞守角，B位为单关守角。

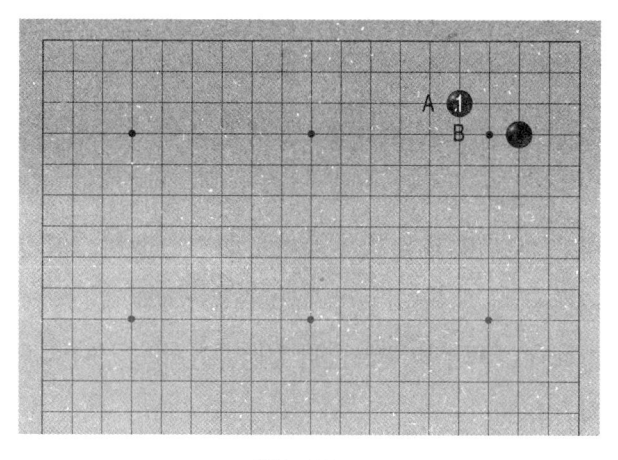

图2-39

守角是要用两手棋才能完成的。在布局阶段用两手棋确保角地的价值与占据其他大场和要点不相上下。

## 1. 小飞守角

三种守角方法中，最常见的是小飞守角，也称作"无忧角"。小飞守角的优点是一高一低，子力接近，对方无法一手切断，两个子都在三线上，不愁没有根据，有根据就会有空，图2-40中黑小守角×内有11目的空。

同时，小飞守角对边上的发展也有很大潜力，以后黑1拆是绝好点。若是有可能再A位关，在右边则构成立体大模样。这都是由于有了小飞守角为基础，才会逐次有此发展。

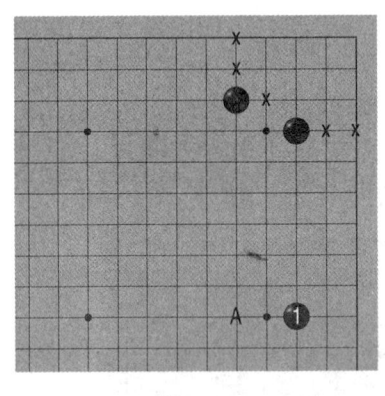

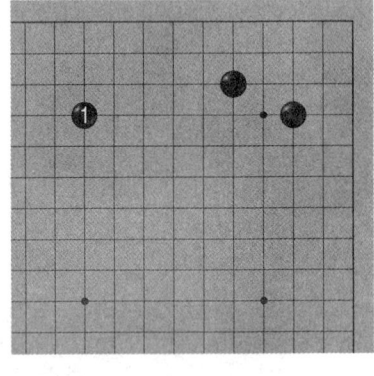

图2-40　　　　　　　　图2-41

如图2-41，黑1向左边发展虽不如右边理想，但也是发展方向之一。

无论如何，两手棋获得11目实地，还能向左右两面发展，都是极为有利的。

## 2. 大飞守角

大飞守角比小飞守角多出一路，阵地如果不巩固，容易被对方侵入。

图2-42和图2-43的黑大飞守角在白有△子的情况下，都可以简单地侵入黑方角地。

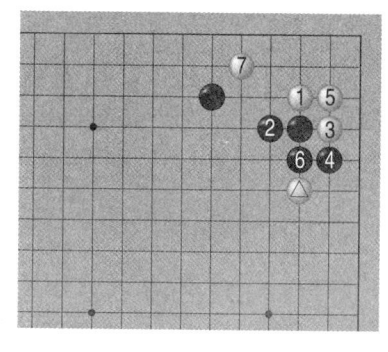

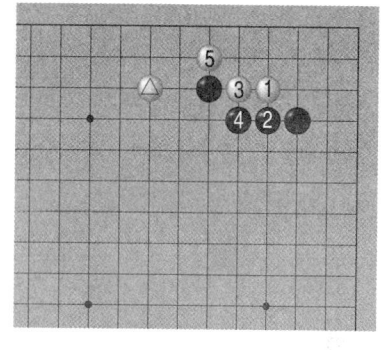

图2-42

图2-43

向边上的开拆，大飞守角有时优于小飞守角，如图2-44，黑1大飞守角较为合适，对牵制左上角白棋向边上的发展更为有利。以后白如A位拆，则黑B位肩冲浅削恰到好处；如黑棋拆边，则下在B位为宜。

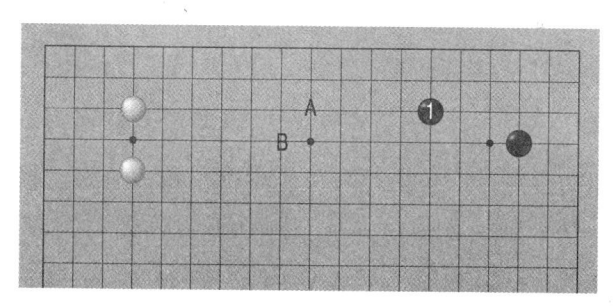

图2-44

大飞守角的特点是富于机动性，进退自如。虽然角上容易被对方侵入，但在对方侵入后，外势自然加厚，这也许就是它比小飞守角更难掌握的地方。

### 3. 单关守角

单方守角的子在五线上，仅表示出其特性在于张势，方向也是明确在右边的。

但是，图2-45，白1子时，单关守角的弱点就暴露出来了。

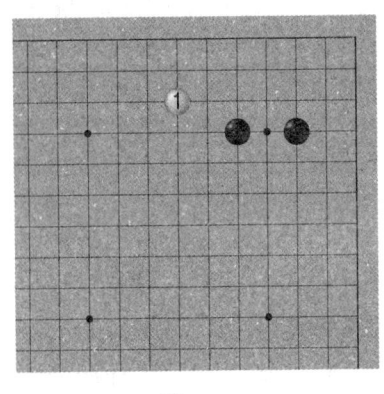

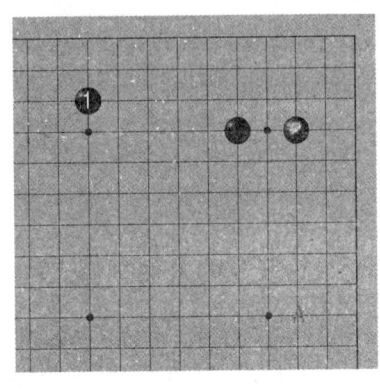

图2-45　　　　　　　　图2-46

因此，图2-46黑1位拆是绝好点，尤其是左上边有白棋势力时，更宜优先考虑。

然而，图2-46单关守角首先要考虑和开拆方向仍是A位，当左上有白势力时，黑1位也是尽早抢占为好。目外与高目如再守角，则可还原成小飞守角或单关守角。

选择守角的方式与选择占角的方式一样，各有利弊。关键是要理解其特性，按照自己的作战方针，尤其是要根据全盘棋形的配置，灵活运用。

## 05 局部要点

下围棋时，在一个局部，常可听到"这是个要点"的说法。"要点"，即指十分紧要的处所。有些地方看似不大，但价值很高，往往关系到双方的劳逸与安危，甚至直接影响到全局，这是普通大场所不能相比的。在局部的形中，有许多这样的要点。

### 1. 急所

"急所"一词来源于日本围棋术语，如日本桥本宇太郎《手筋与急所》中有："大致来说，整己方棋形或破坏对方棋形的着法是急所。"现在我国棋界也广为使用了。它是指在敌我双方互相接触的棋形中，无论对于攻方还是守方都至关重要的那些点。

形的急所都与眼位有分不开的关系，都是不容易忽视的地方。总的说来，急所是关系到双方稳固、形势消长的要点。

**例一**

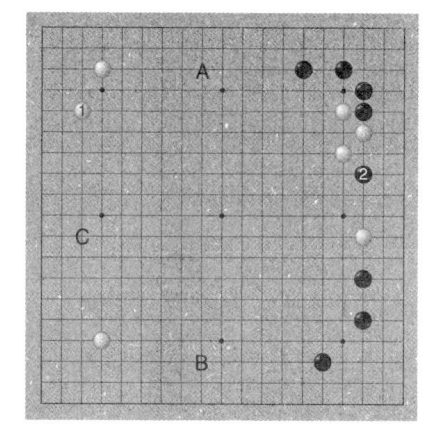

图2-47

图2-47中，白1位守角，何处为急所？正解为黑2打入，这是关系到白方根据地是否稳固的大棋，价值超过了其他大

场。A、B、C等处价值虽也不小，但还不如黑2。

图2-48当黑1打入时，白2小尖阻止黑方渡过为正解，此时黑有两种下法。

图2-48中3位的上飞为获取外势的下法，白4以下为正常应对。过程中白14、16不可省略。若不下14，黑于14位先手打，16若不着，则黑于16位跳，白只有一只眼，出逃势必累及全局，故14、16都为必着之手。如图进行至16，黑先手获得了外势，再于17、19扩张下边，这样对黑有利。

图2-49中3位的下飞为捞取实空的下法。黑3下飞后，白4不可省。白6罩好手，黑7亦以针锋相对，意在争先手。以下变化至16黑获得了先手。从结果可以看到当初白4与黑5交换的重要，若无此交换，黑则有A、C冲断白棋的严厉手段。如图变化至16，黑捞取了实空，且抢先手于17位分

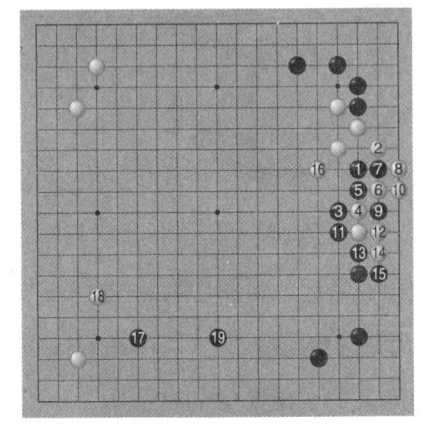

图2-48

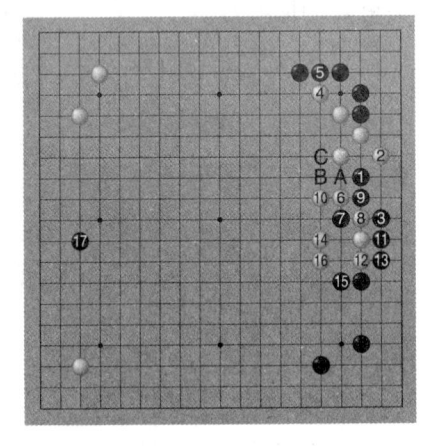

图2-49

投，从全局看仍是黑优势的局面。

从以上两图分析看，黑结果都处优势，那么白问题手在哪儿？问题手出自图2-47的白1，此手应下在图2-50中的1位方为本手，而且是事关白棋根据地的急所，与图2-48中黑1的打入有相同价值。有白1跳之手后，全局顿显细棋状的悠长之势。

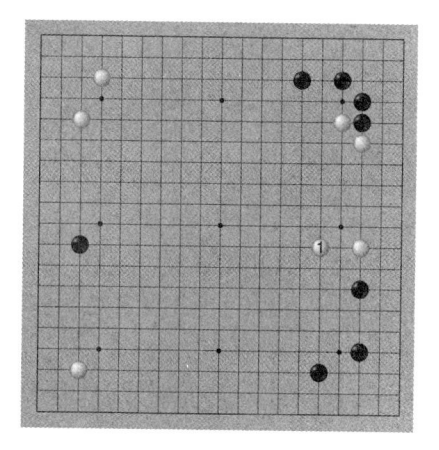

图2-50

**例二**

图2-51为受二子棋局面里经常遇见的局势，白△刚刚分投左边，此时实战黑1于右边开拆，当白2拆逼左下黑单关子时，黑局面顿显局促，由此可见白2拆为关系黑白根据的急所。

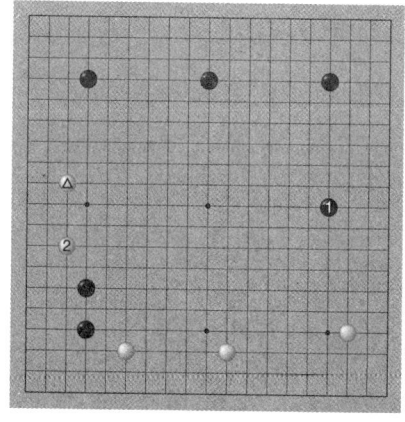

图2-51

既能够扩大自己模样，又能够消减对方模样的点，就是模样的中心点，又叫消长的要点，在日本的围棋术语中叫作"天王山"。

图2-52中黑1为急所，经与白2交换后再快速占领右边3位的大场，如此局面是黑简明优势。白2拆时，黑若于图中A位尖顶则不好。

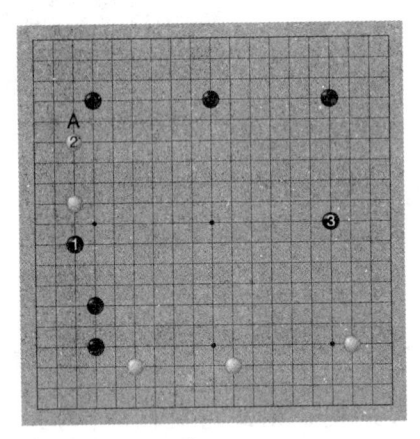

图2-52

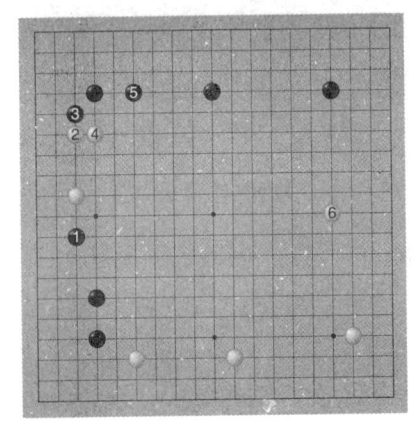

图2-53

图2-53中白2挂时黑3尖顶虽为常形，但在此局面下则不好，因至5止局部必落后手，将被白抢先占领右边6位的超级大场。

图2-54为黑大模样的棋，白刚于1位占大场，此时黑2为全局的急所，是这个局面下黑方形势消长的要点。而黑2一手，棋右边模样顿呈深谷状，是白方难下的局势。

图2-55中白1拆时黑2不好，将被白抢先占领3位的天王山，如此右边黑形势已大受牵制。

图2-54中的白1也可考虑直接于图2-55中3位处侵消黑势，那样黑将于左边分投，全局不会很快结束。

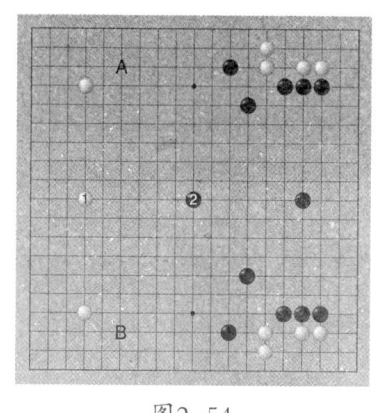

图2-54

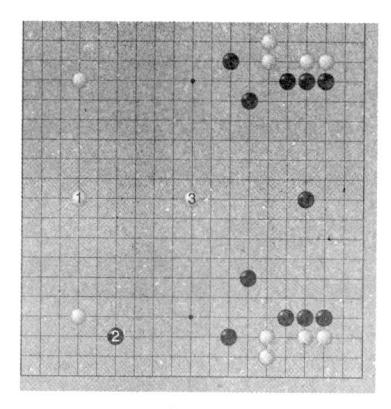

图2-55

图2-56为黑走四连星的局面，右上为常见定式变化。白1位粘，此时黑于2位飞是此局面下的急所，有此一着右边形势颇为壮观。

图2-57中，白1粘时黑脱先于2位挂不好，白3拐头力大如牛，为此局面下的急所，如图2-57白3、5、7先手将黑势压扁

并扩张了上方白势，最后抢先手占领左边9位大场，全局形势白生动，而且从图2-57中也可看到黑4、6、8等子与△子距离太近，配合不好，且黑空中尚有白A、B等处打入的味道，形势很是不妙。

总之，急所比通常的大场要大，是全局的天王山，在对局

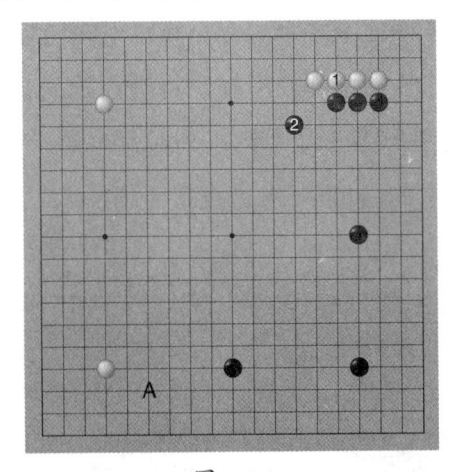

图2-56

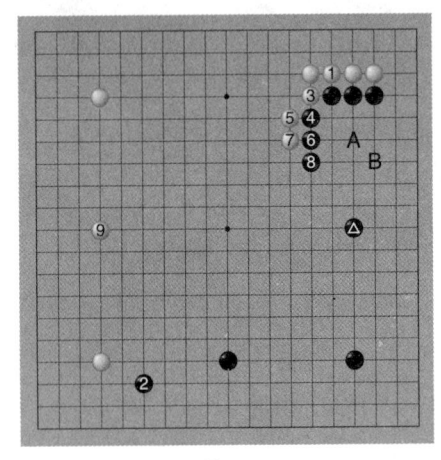

图2-57

## 2. 根据

图2-58中的棋形是实战常见之形，黑1挡是紧要之着，不但得到安全，而且实利也大。

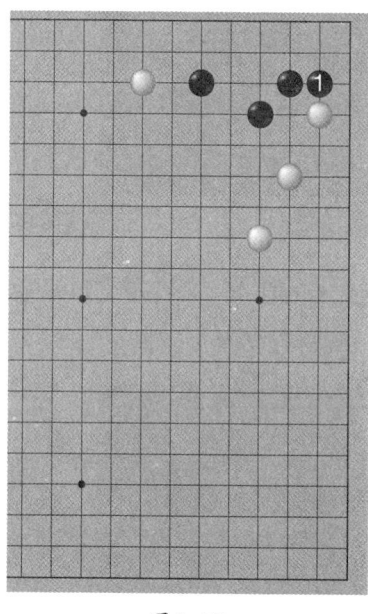

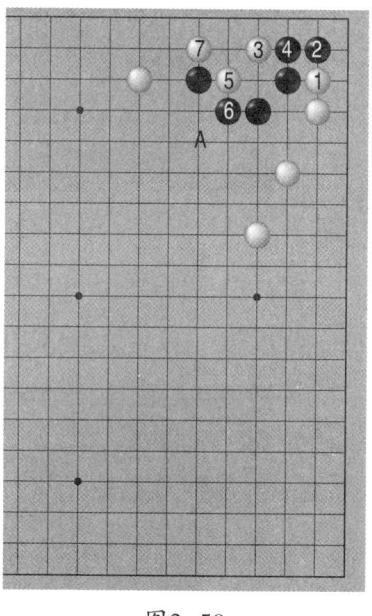

图2-58

图2-59

图2-59中的白1冲，黑只得A位外逃，如黑2挡，则白3点是好手，以下到白7渡过，结果是白棋两边得利，黑却成为浮棋，对全局的形势都会产生很大的影响。

## 3. 攻防好点

图2-60 黑1尖是攻防好点，既防止白A位的打入，又尚有继续攻击白左下角三子的严厉手段，同时，实利也很大。

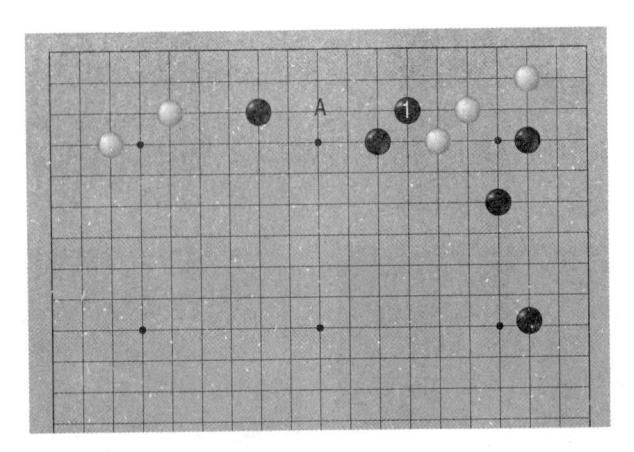

图2-60

图2-61 为图2-60黑尖后白脱先的情况。黑1并是攻击急所，白2若尖，以后黑于A位托或B位跨都是严厉手段。

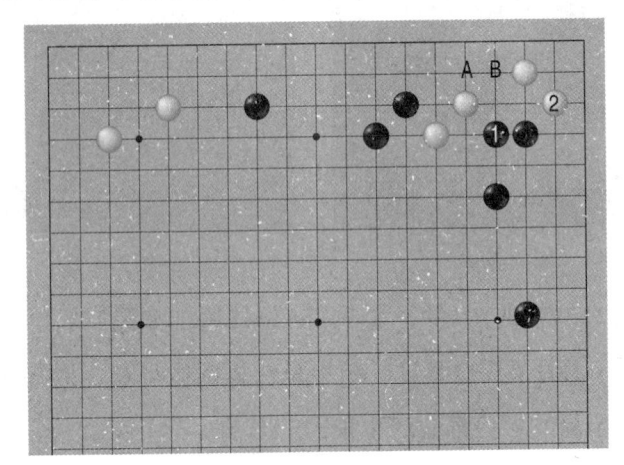

图2-61

图2-60中，黑1如不小尖，则如图2-62的白1打入，至白7止，两相对照，更能清楚地表明这个小尖的重要性。

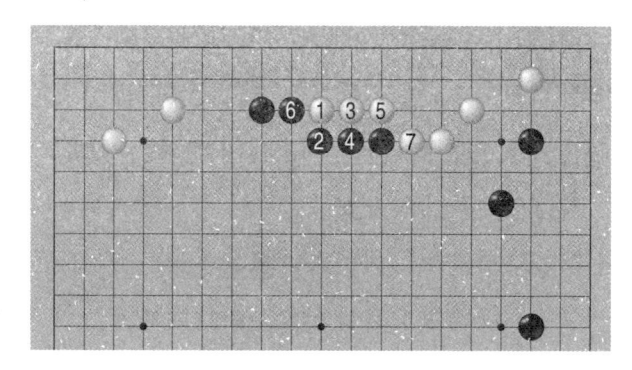

图2-62

### 4. 劳逸攸关

在我国古代的"棋经"中有这样一句话:"精华已竭多堪弃,劳逸攸关少亦图。"这后半句说的就是,关系到双方的根据和直接影响劳逸安危的好点,价值极大,势在必争。

图2-63的黑1尖顶和图2-64的白1飞,都是关系到双方劳逸的好点。谁占到此点,谁就既得安定,又得实利,同时还能威胁对方安危,可谓一举三得。这种地方在布局的要点中,当属第一位。

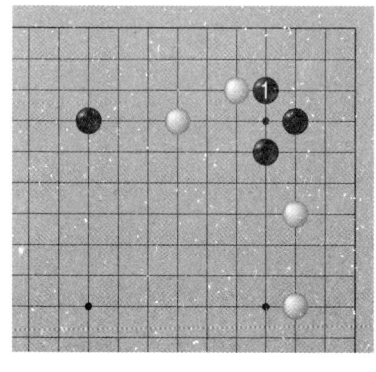

图2-63 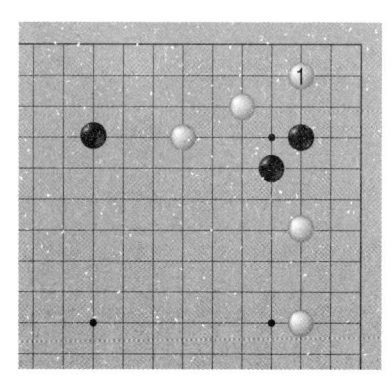　　　　　图2-64

图2-65则是一个实战例的局部。在布局中，简单地吃住一子或接回一子，一般是不如拆边、占大场那样引人注目。但在这个场合，下一手黑A位吃一子和白A位接，则是双方必争之要点，因为它关系到双方安危。

这手棋如果单纯从目数上来计算，不过6、7目而已；但谁争到这一手，不仅确保了自身安全，而且给对方造成了负担，因此它是一个"逸己攻人"的急所，绝不是普通大场所能比拟的。

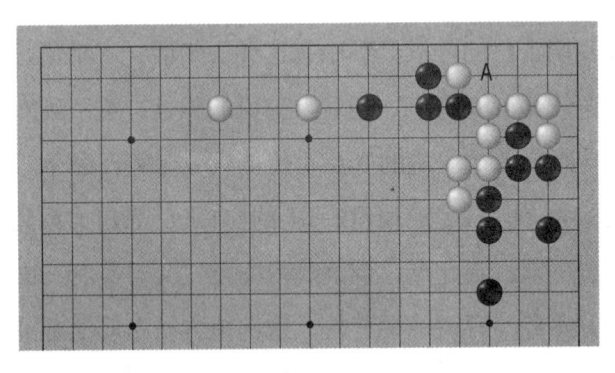

图2-65

## 06 角的原则

我们都知道,围棋是以双方占地多少来决定胜负的。因为占据空角和守角最容易得地,所以在布局开始时,双方总是先争占空角,接着就是守住自己占的角,或者是挂对方的角,也就是不让对方守住所占的空角。

占角容易围空,是因为它控制了棋盘的两面盘端。围同样多的地,中央要围四面,边上面围三面,而角上只围两面就行了,所以在角上着手的效率比起中央和边上要高得多。

### 1. 布局的基本原则

图2-66中所示,角、边和中央都围9目,但在中央要用12手棋,边上要用9手棋,而角上只用6手棋即可。因此,一般的布局次序是:

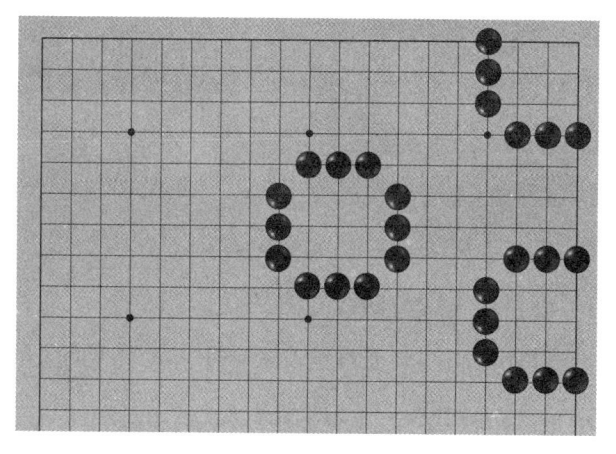

图2-66

（1）占空角；

（2）守角或挂角；

（3）拆边。

这就是布局的基本原则，提请大家注意。

## 2. 空角下子的部位

空角的着点一般是以星位为中心，图2-67中，A、B、C、D、E的8个部位，其中包括C、D、E的3个对称点，实际上只有5个着点，这5个着点都有不同的特性。

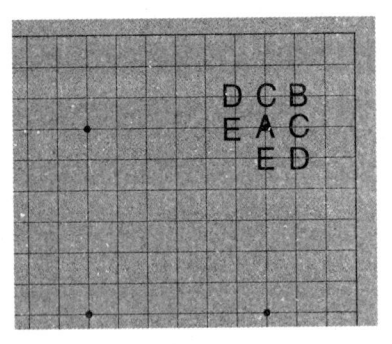

图2-67

第三线容易获得根据，第四线易于向中央发展。简而言之，第三线是实利线，第四线是势力线。

那么，第三线与第四线哪个会更有利呢？这自然无法断言。在布局阶段都是保持第三线与第四线的均衡，以建立布局的骨骼。

角上部位的着点是与三线、四线的根据相符合的，其5个着点的位置是：

（1）星：四线与四线的交叉点；

（2）三三：三线与三线的交叉点；

（3）小目：三线与四线的交叉点；

（4）目外：三线与五线的交叉点；

（5）高目：四线与五线的交叉点。

下在棋盘上的棋子，位置越低越容易获得根据，位置越高越易于取得势力，这是一条基本法则。

子都下在四线上的星位和四、五线上的高目，较难取得实地，却容易形成势力。

子都下在三线上的三三，最容易取得根据，也就是安定性最高的着手。

### 3. 星位与三三的特性

布局的基本原则是：第一占空角，第二守角或挂角。但是星位与三三都不必急于守角或挂角，这是它们的特性。

由于星位与三三是中心点，所以图2-68中的白1挂，假定黑2小飞应，黑星位之子为中心点，白1与黑2的位置相对称，当然是占据中心点的黑棋有利，因此星位不必急于挂角或守角。

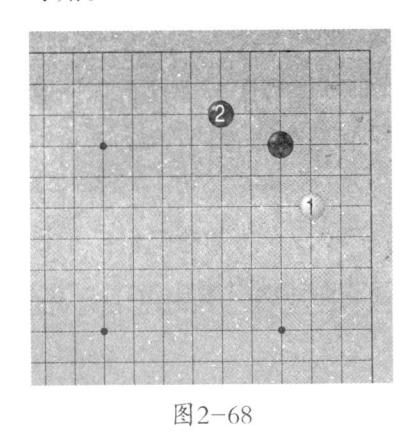

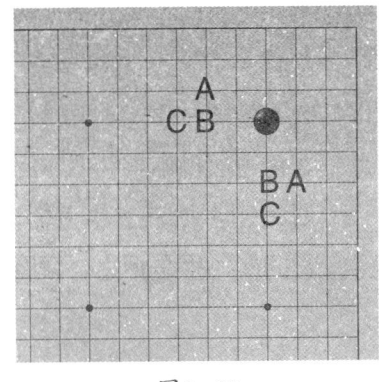

图2-68

图2-69

同样，图2-69白A、B、C在哪里挂角都一样，黑棋以星位为中心点总是可占据两个对称点之一的。

星位与三三则是以先手占空角，加快布局速度为目的。

对于星位与三三没有适宜的挂手,同时,也没有适宜的着手去确保角地,如图2-70中黑1大飞守角,白2点三三即可活棋。黑A位小飞、B位关也是大同小异的。

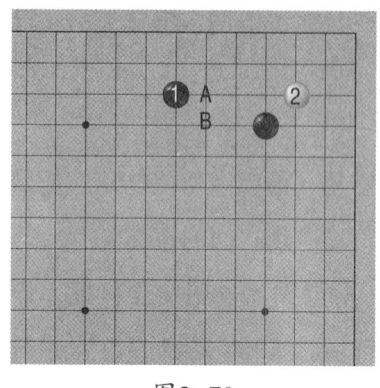

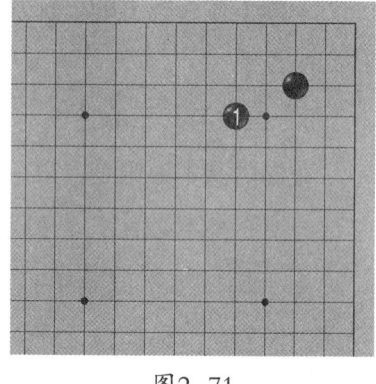

图2-70

图2-71

三三也存在同样的问题,图2-71中黑1小飞守角后,形状当然不如小目的小飞守角所得更为实际。

占据三三虽然可得角空,然而所得有限,即使再守一着也是微不足道。实际上,占据三三就是在角上定了型,挂角不急,守角当然也不急。

所以,占据三三与占据星位一样,守角的意义低于小目等,它的次一手是拆边。只有这样才能体现出速度。

## 07 形势要点

形势要点对于单方的模样、势力来说,是指构成模样或发展势力的绝好之点;对于双方以模样或势力相抗衡的局面来说,则是指那些关系双方形势消长的要点。

这种要点的价值往往无法用确实的目数去计算,但是它对于全局形势发展的影响极为重大,绝对不能忽视。所以,锻炼自己对形势要点的感觉和洞察力,培养全局观念,是至关重要的。

### 1. 势力发展的绝好点

图2-72中黑棋是以无忧角为中心向两翼张开的形状,黑1关是扩张模样的好点,为十分有效的一手。黑1占到模样的中心点后,棋形更是理想,势力也更加庞大。反之,白棋如要侵消和限制黑势时,也是在1位落子。正所谓"敌之好点即我之好点"。

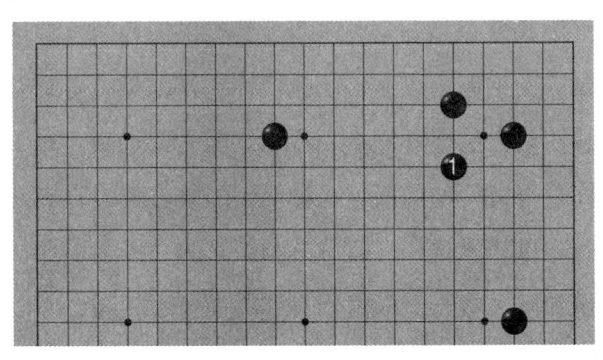

图2-72

图2-73中黑1关起是扩张模样、发展势力的绝好点。黑1后,右边黑阵立刻形成立体、生动之势。同样,此时若该白棋落子,白1位之点也是急所。

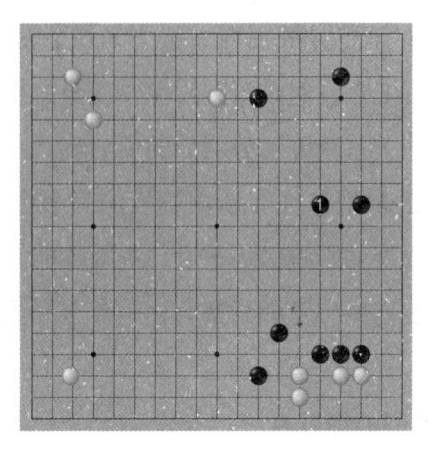

图2-73

所以,有时的布局中还有很多大场未占。而抢占势力发展的绝好点,无非是使自己棋形更加理想,或是控制对方不再扩张模样而已。

## 2. 全局形式消长要点

形势消长要点指的是关系双方势力发展和消减的地方。占据这类要点,不但可以使自己的模样扩张,势力得到发展,同时还能够使对方的模样缩小,势力发展受到限制。对于双方以互围模样进行抗争的局面,这种要点的争占极为重要。

在日本围棋术语中,就称这类要点为"天王山",可见其重要作用和巨大威力。而由于具体局面各不相同,所以形势要点多种多样,因形而异。

图2-74中黑1飞是全局的消长要点,不容忽视。如果黑1不飞而去占大场,则如图2-75,黑1拆占大场,则白2飞为消长要点,形势优劣立即颠倒过来。

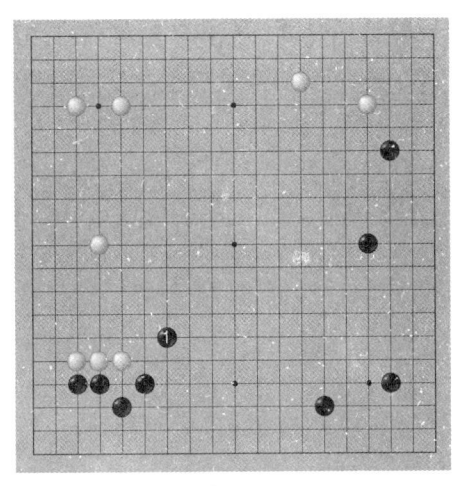

图2-74

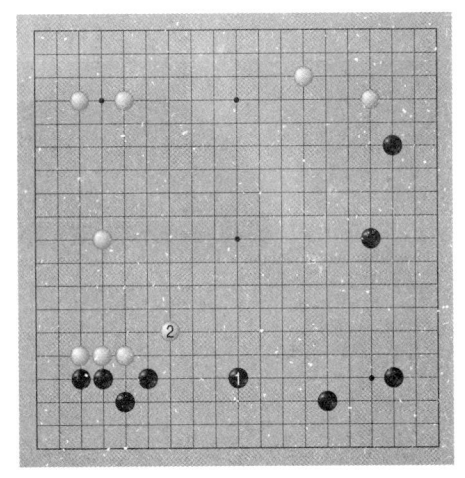

图2-75

图2-76中黑1飞镇为消长要点,如去占守角大场会如何呢?

图2-77中黑1守角虽是大场,但白2关是消长要点,黑3不得不补,白4再守角,与图2-76相比,形势则明显逆转。

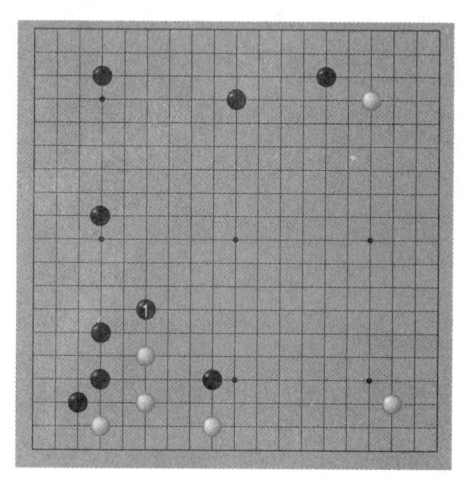

图2-76

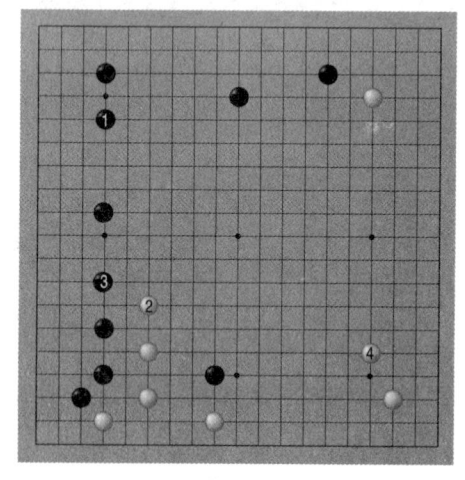

图2-77

图2-78中黑1大飞，再黑3小飞是全局形势的消长要点，此时保右上角实地也是大棋。

图2-79中黑1小尖守角在实地上虽然很大，但白2大飞后，不仅下边增大，同时还使黑右边变小，可见此地价值比右上角守地更大。

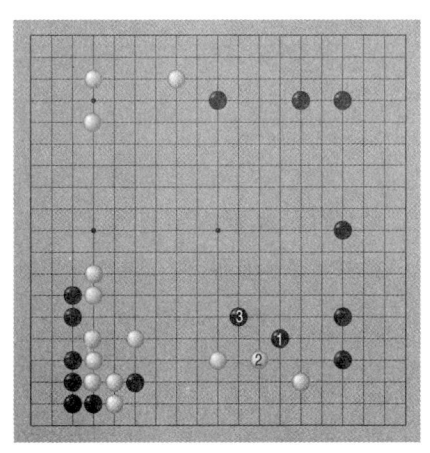

图2-78

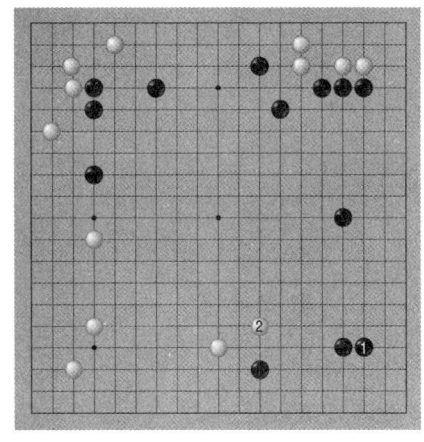

图2-79

图2-80中黑1飞也是典型的消长要点,如去守角,则如图2-81,黑1虽确保了角空,但白2飞镇,形势瞬间消长是一目了然的。

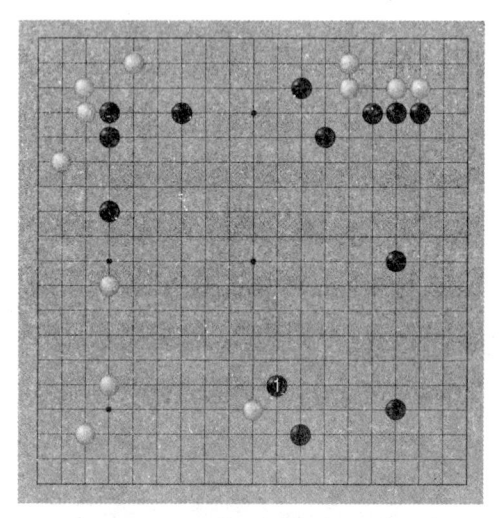

图2-80

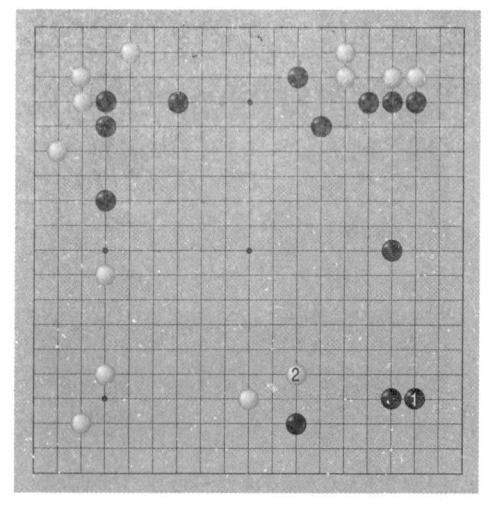

图2-81

## 08 养成大局观

因为全局的形势消长要点，往往比其他的大场更加重要，或者说是更为紧迫，所以很有必要进一步研究和理解，以养成正确的大局观。

### 1. 似小实大

图2-82 白1挡，白3长后，按局部的应手，下A位是很理想的一手，但是要说急所，莫过于黑4大飞。它既可以使左下角5个黑子生根，又能消下边白厚势，是攻防要点。反之白B位尖，既可攻黑又能发展下边的白势。

### 2. 进退自如

图2-83的局面，看似白1是形势上的消长要点，既张势又留有A位打入，但白棋右边过于空虚，给黑2留下了恰到好处的分投点，白大势无法收拾，难以让人满意。

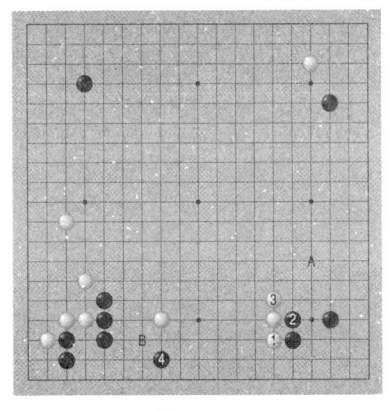

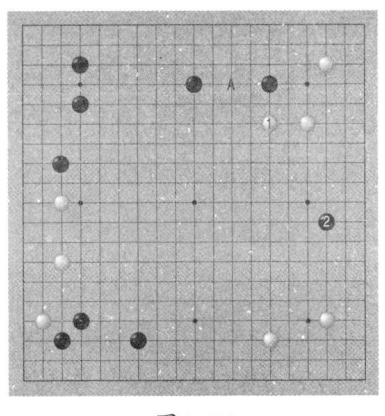

图2-82　　　　　　图2-83

图2-84 白1拆边则尚不如图2-83，使黑2关起成全局好点，仍是白失败。

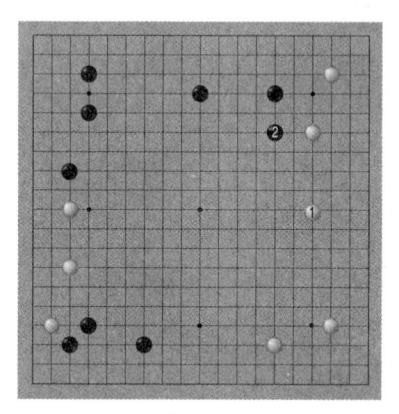

图2-84

图2-85中，白1单关补是最妥善的下法，既消除了黑在右边的分投点，又使黑A关对白无大影响，以后白可直接B位打入，真可谓一举三得之着，进退自如之法。

### 3. 舍小就大

图2-86中，此时黑下1位点，普通下法都在白2位应，黑3

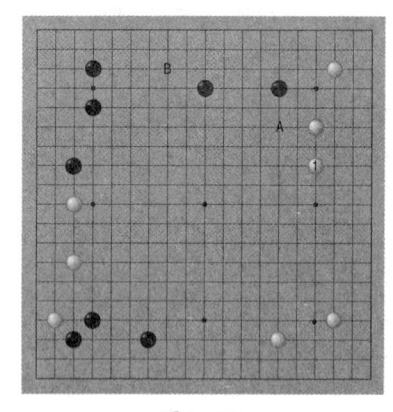

图2-85 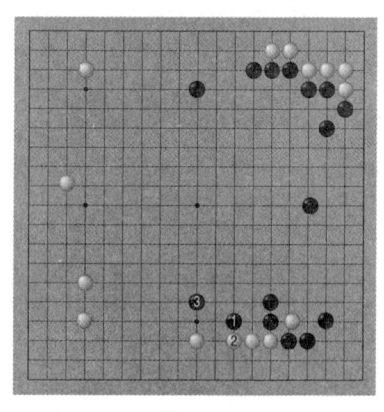　　　　　　图2-86

是全局的消长要点。顷刻之间，黑中腹势力大增，白棋却无从下手，可以说是黑成功之例。

图2-87中白2关，置下白二子于不顾，抢先争占全局消长要点，黑3吃住二子虽获实利不小，但白4先手得利后，再占形势要点，白棋左边模样相当可观，形成足以与黑抗衡之局面。这种舍小就大、顾全大局的策略是成功的。

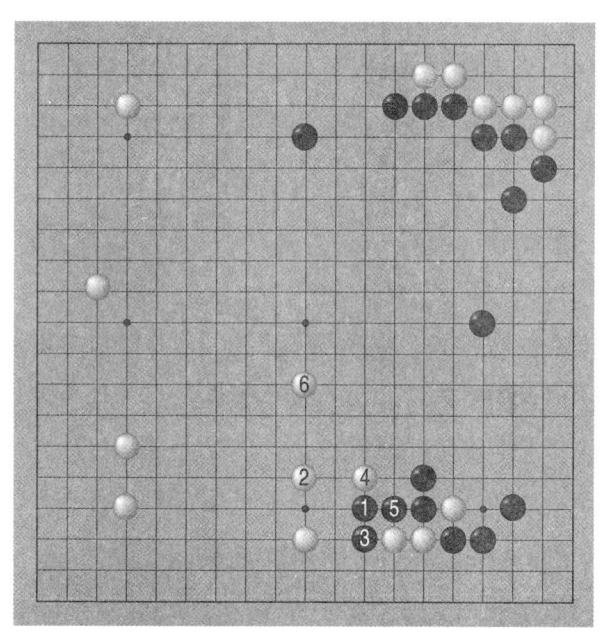

图2-87

## 趣味链接

费祎是三国时蜀国有名大臣，公元245年，魏国大军直扑蜀境，形势危急。费祎奉命出征，大夫来敏前来饯行并希望与费祎下一盘围棋作为告别，费祎爽快答应。

两人对坐，费祎防守得法，来敏无隙可乘，于是推盘认输。他说："现在我相信你是抵御敌人的最好人选了。"

果然，费祎到前线后，凭险固守。魏军久攻不下，露出疲态，若再强行攻击，必为蜀军所乘，不得已全线撤退。

## 围棋口诀

左右逢源最适宜，折逼都是宽处阻，模样消长棋必争。
二子头要闭眼扳，三子气紧也要扳，逃要关来追要飞。
扭十字要长一边，棋精再少要保护，莫压四路休爬二。
七子沿边活也输，对杀定要算好气，几子将死请暂放。

## 围棋规则

找生根，抢出头，既夹又拆好着点。
要占角，分手数，星和三三角一手；
二手角，平安角，也可大飞一间跳；
三手角，常星位，星尺寸飞加小尖。

# 第三章 布局模样

模样就是尚未实地化又具实地化潜力的形势。模样的作用就在于，即使对方打入侵削成功减少了地域，在正确的对应之下，持有模样的一方依然可以在其他地方获取实地、取得外势、对打入的棋子展开攻击，或者在他处另形成一个新的模样。

## 01 理想的模样

图3-1 黑二连星之后,黑1再占1位形成三连星,继而黑2、3向边上发展。

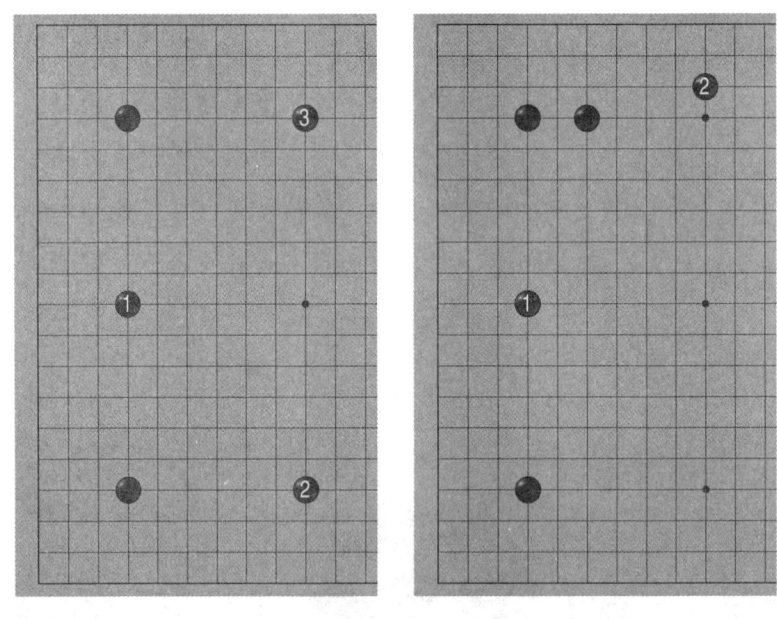

图3-1　　　　　　　　图3-2

图3-2 黑1占据左边的中心点,再黑2占据上边的中心点,称之为"两翼展开"。

以上两图所示之黑棋都是理想的模样,因为它们都是立体姿态。

凡是大规模的立体平面图形,都可以叫作"模样"。它具有两个作用:一是将来可能成空,二是可以成为攻击对方的有力武器。

图3-3 黑△二子之间就是黑的一种模样。若无白棋侵入，即可逐渐形成实地。白1打入，即是不愿让黑棋成为实空，以下至白7是这个形的通形，这时黑模样立即消失，角内由于有A位点角，将不能认为是黑棋实地。如此说来，模样是否毫无价值可言了呢？

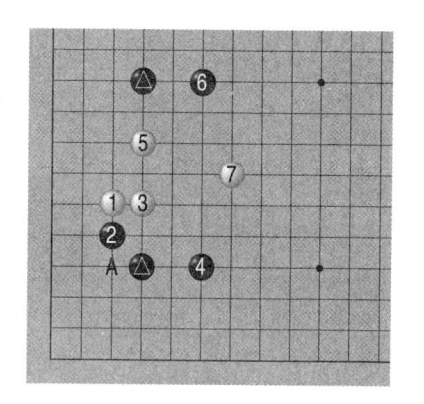

图3-3

的确，在局部侵入对方模样常常是轻而易举的事，然而，把模样实地化却是件难事。

但是，在实战中往往不能独立去看某一局部，因为它的周围不是有己方之子就是有敌方之子。

图3-4 黑棋如左上星位有△之子，则左下模样虽然消失，左上却进一步模样化，白四子也有受到攻击的危险。图中如下边星位有△之子，则下边的模样更接近实地，而白四子的危险更大。

所以，如果认为模样被侵

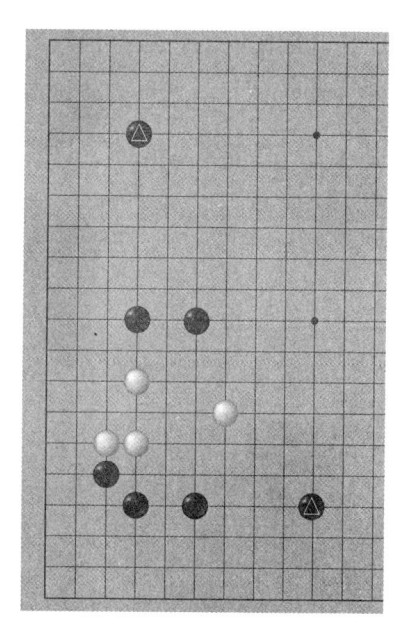

图3-4

入即是大势已去，是不正确的。大多数场合，一个模样被侵入消失后，另一处模样会随之自然形成，而且会更加具体化。

图3-5中白1打入黑模样，以下至白17止，上边黑模样已经化为乌有，但黑18点起后左边黑棋更壮大，更实地化。

模样是未完成的形态，对方如要侵入，则很容易达到目的，没有侵入余地时，才能认为是实地。

因此，一定要模样围成实地是非常错误的想法。当对方侵入模样时，一心想杀死对方侵入之子是非常危险的，只要能取得相当的补偿，不一定要强行去围实地或杀死对方侵入之子。

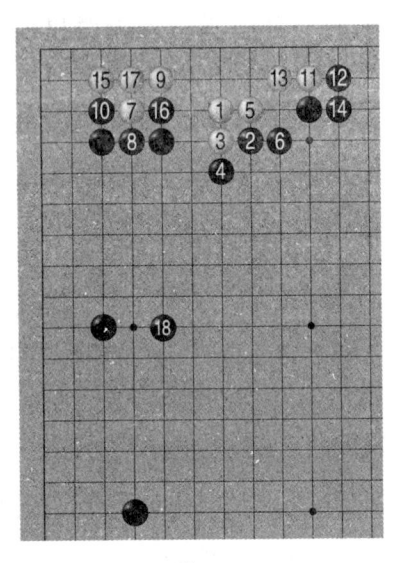

图3-5

下每一手棋都要争取使其产生出最高的效率。但是，在实战中往往是不可能每一手都产生出高效率的，常常会有实战与局部原理不同的时候。

## 1. 扩大模样

扩大模样时，向中央一间关是很有力的手法。

图3-6 黑1、黑2向中央一

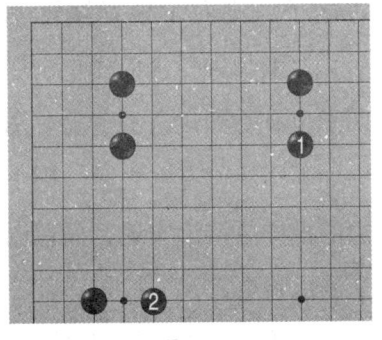

图3-6

间关是扩大模样的好手，这也是以最少的子数去围最大的空的好手，所以，棋谚中有"单关无恶手"之说。

图3-7中，白1拆，不但扩大左上阵地，还有下一手A位打入的狙击。黑2单关看似平凡却是好手，不但扩大了左下黑模样，还含有B位打入白地狙击和C位曲镇的作用。

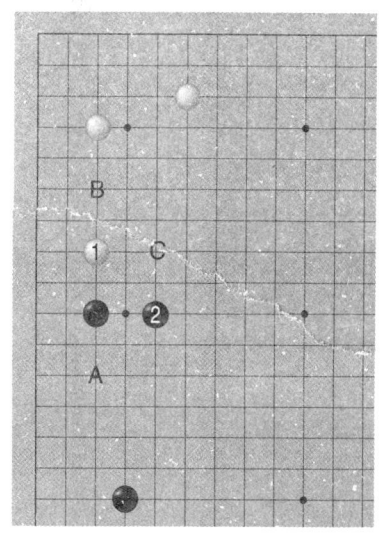

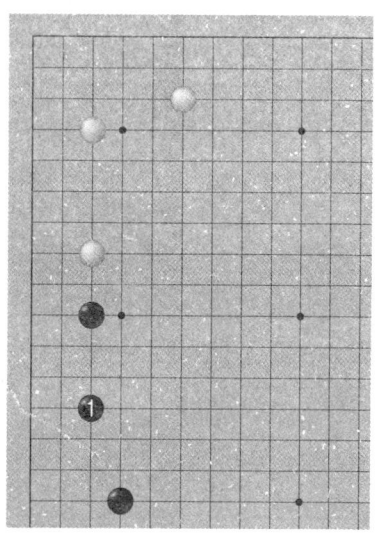

图3-7　　　　　　　　图3-8

图3-8中，黑1过于软弱，缺乏扩大模样的意识。但是，假若左上白棋坚实的话，黑1围又是正着。

诸如此类情形在围棋中很是多见，也是围棋中的难点和奥妙所在，需要多多领会。

## 2. 模样的中心点

有一条围棋格言是："敌方的好点，即是我方的好点。"在布局阶段，扩大模样和消减模样的着手往往是同一点。

图3-9中，黑1飞镇是模样的中心点，不但能扩大上边黑模样，又能压缩左边白模样。

图3-10中的白1关也是与图3-9中的黑1产生同样作用的好点。

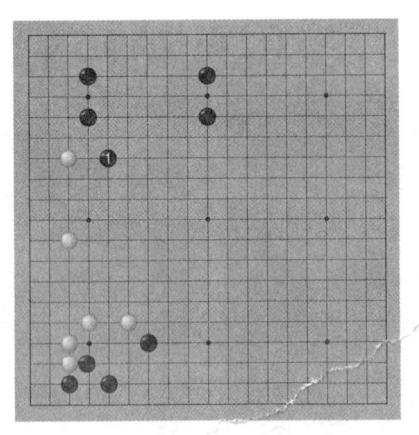

图3-9

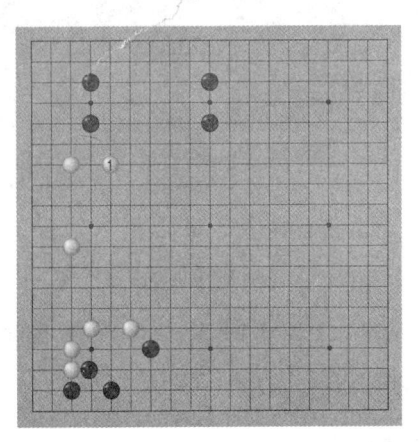

图3-10

图3-11中，黑1是模样的中心点，如轮到白方下，则占A位是消长要点。

图3-12中,黑1关是双方必争的"天王山",反之,白若占到1位,不但扩大了上方白势,以下还能打入右边黑地。

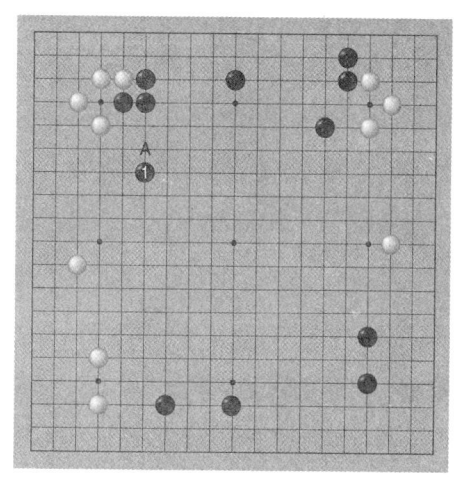

图3-11

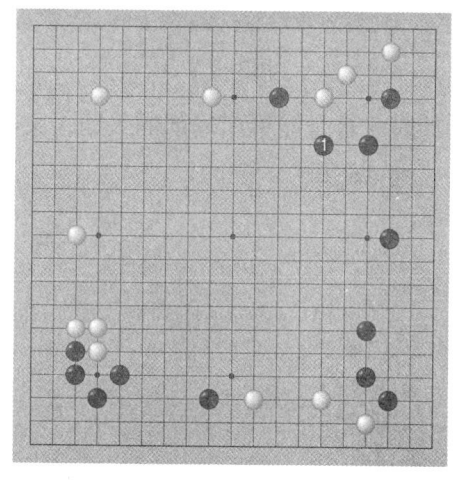

图3-12

图3-13中,黑1是全局的模样中心点。假如此时黑占A位大飞(A位大飞为一般常识性大场),则白于1位飞。此处即

是急场大于大场的典型例子。

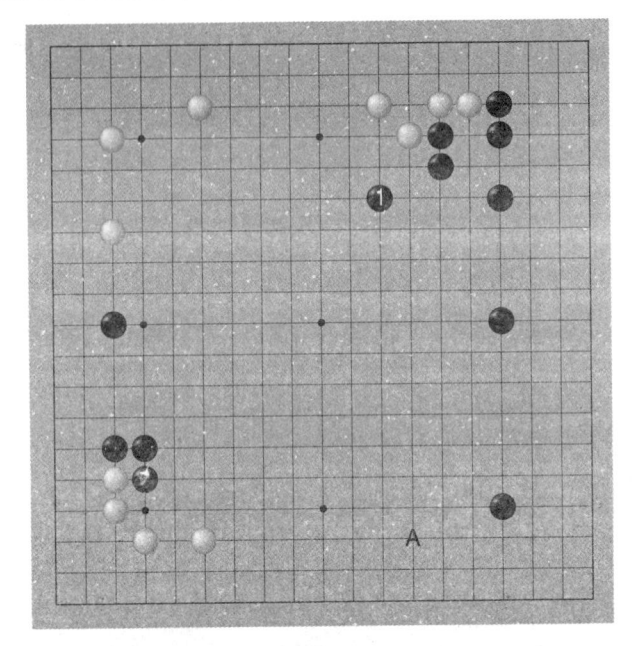

图3-13

在围棋对局时，若是能下出局部的手筋，又不放过模样的中心，我们就不容易输棋。

## 02 模样的侵消

### 1. 打入的原则

打入的目的是使对方模样变成实地的可能性化作零。

图3-14 白1是打入，它使黑模样在此处已难成空。白1打在A位也可，但黑方尚可B位连接，所以，白A位也叫作浅消。

那么，在三线打入好呢，还是在四线浅消好呢？当然，这必须根据周围双方配置而定。

侵入越深，则破坏敌阵的效果越大。但是，侵入越深，遭到对方反击越强，联络友军难度也越大。打入越深，当然就有被封锁的危险，被封锁而无法做活，自然就会成为败局。

所以，打入时一定要考虑到两点：一是可以逃出，二是被封锁后能够做活。一般而言，打入时最好能不被对方封锁。

图3-15 白1打入，黑2飞封时，白3飞可逃出。

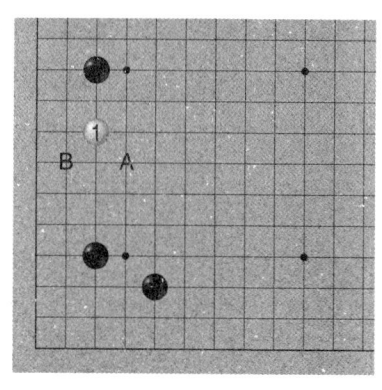

图3-14 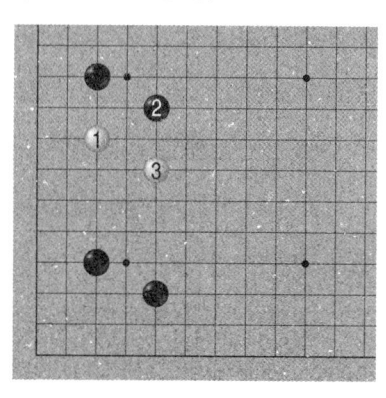　　　　　　图3-15

图3-16 白3、5与黑4、6交换后，再白7逃出是常见的下法。

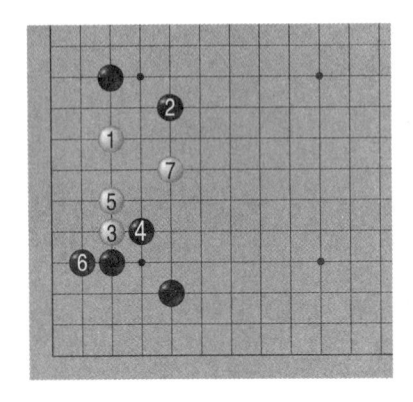

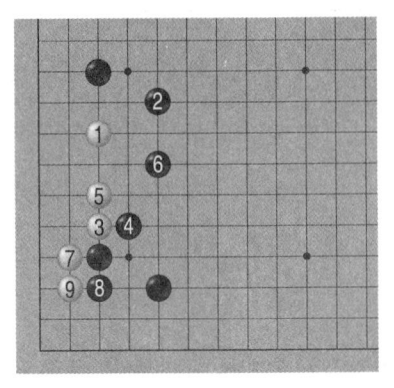

图3-16

图3-17

图3-17，黑6强行封锁，白7、9可以从容做活。

在打入后，即使在局部可逃出，但从全局来看是不一定有利的。如图3-18，白1打入，至白7止的结果，白虽然逃出，但黑4、6连跳在左上边形成另一个大模样，从全局上看，白1的打入是失败的。

打入的原则是什么呢？

（1）冲击对方形状较为薄弱之处。

围棋有一条基本原理是：不能靠近对方坚阵。违背了这条基本原理的一方就会陷入困境。

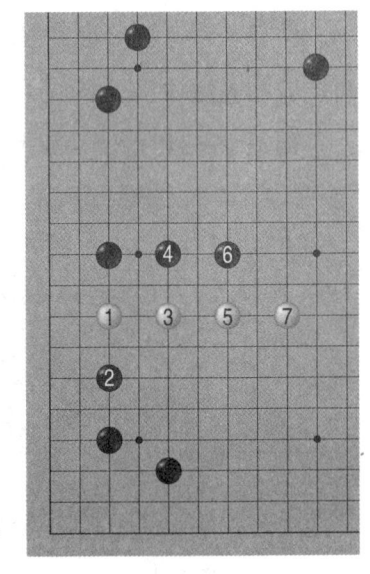

图3-18

（2）打入的同时最好能孤立对方之子，再予以攻击，这样效率最高。

打入一般都在三线上，就包含割断对方联系之意。但深入到三线上的子也同样容易受到对方包围，因此，发生战斗的可能性极大。

打入一方的目的，如果不是单纯破坏敌阵，同时还兼有攻击敌方，就是最成功的打入。

（3）打入后向中央发展速度较慢。

深入到三线的打入之子，向中央关出时，一般总比对方慢一步，所以很容易成为对方的攻击目标，搞不好会遭受更大的损失。

如果你认为打入没什么把握，甚至还有坏处，则可采取侵消的手法，较为稳当。

### 2. 侵消基本形

图3-19中白1浅消，黑2、4关时，白3、5关的速度总比黑棋快一步，四线的侵消手法容易逃出。但是黑A位也保留有上下连结的余地，所以，白1不能算是分断黑棋，这与三线上打入有根本上的差别。

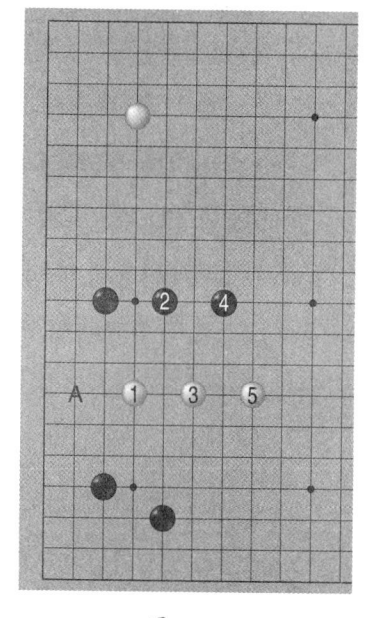

图3-19

打入与侵消的目的和性质则是大不相同。

图3-20中，白1在五线上侵消，则黑2可以于一边连结，一边确保实地，在围棋中称作"浅消"。

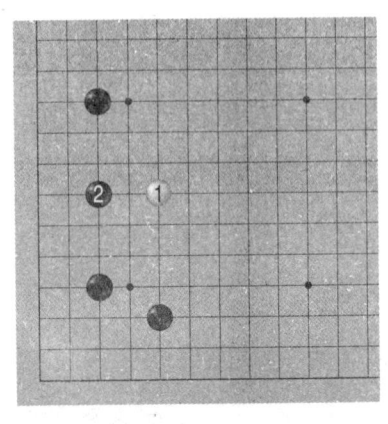

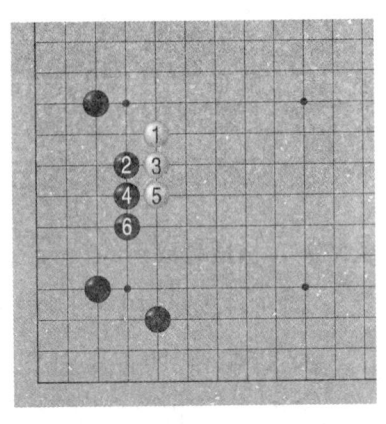

图3-20

图3-21

图3-21和图3-22中的白1都是五线上的浅消，从局部而言，白稍有不利，黑在四线上围空是好形。

图3-23中白1先托角问黑应手，黑2如退，白3再镇浅消，以后在角上还留做活的余地，属于围棋中的高级战术。

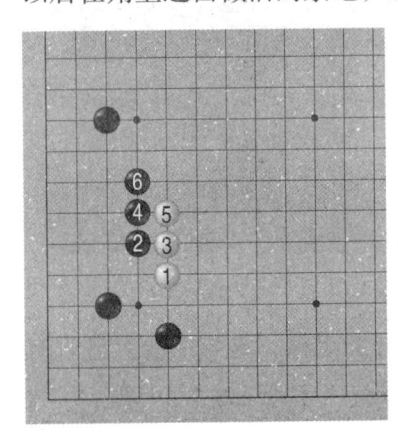

图3-22

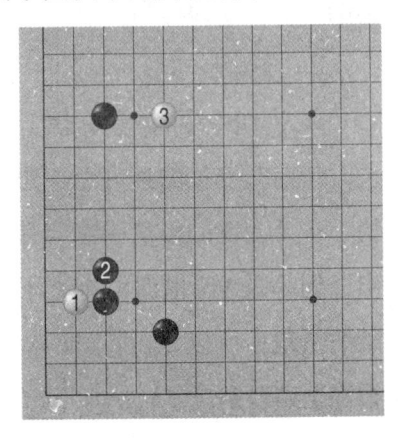

图3-23

图3-24中，白1托角时，黑2如扳，不允许白做活，则白3扭断，以下至白9止是定式化的手段，侵消黑模样成功。

图3-25中，白1肩冲时，黑2、4长、飞也是应法之一，白5是本手，达到浅消的目的。

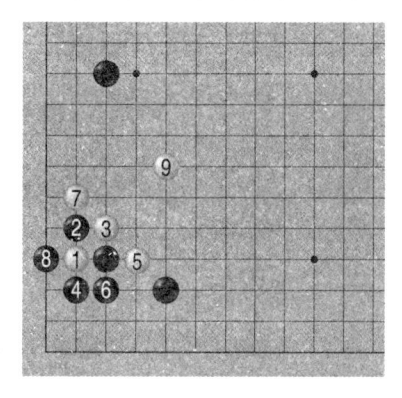

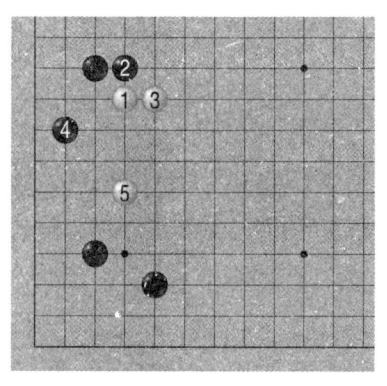

图3-24  图3-25

### 3. 侵消的原则

对方之子在三线上时才可以使用侵消手法。当然，中盘以后的局面上，子数增加时则另当别论。

对方之子在四线上时不能使用浅消手法。因为在四线上围空有利是众所周知的，肩冲四线之子不好，镇更不好。

对四线之子要采取从背后侵入或近攻才有效。

图3-26中，白1近攻，黑2如不应，白2位飞马上侵入破坏黑阵，同时自己可获得安定，所以，黑2只得跳下防止白棋

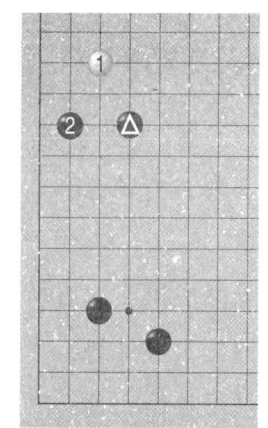

图3-26

侵入。可是，当初黑△若在三线上不是一手棋就能完成任务吗？为何要花两手棋呢？

图3-26 对黑△之子来说，白1是急所，应当牢记。

图3-27 是黑棋模样的理想形，在实战中常能见到。白1镇是侵消之急所，如此处轮到黑棋下，也是1位模样的中心点。

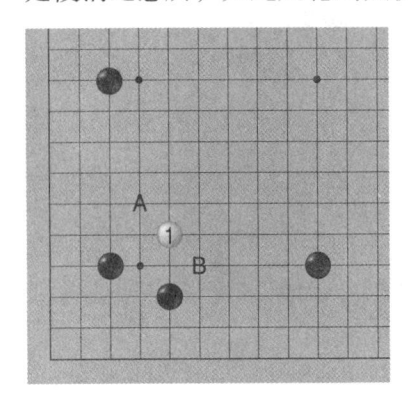

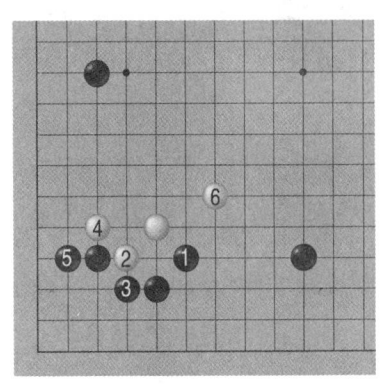

图3-27　　　　　　　图3-28

白1镇时，黑若重视左边则A位应；若重视下边则B应。

图3-28 黑1尖重视下边时，白2、4尖、扳侵入左边黑阵，黑5立，白6飞，轻松跳出。

图3-29 黑1、3冲断怎办呢？不必担心，白早有对策，4、6、8舍弃三子即可，虽然黑棋实地有所增加，但白先筑成外势，形态优美，足可补偿。这一弃子战术在实战中值得一学。

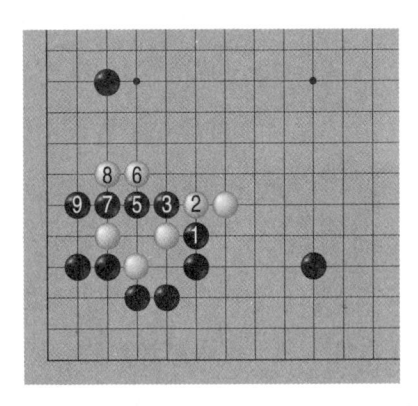

图3-29

图3-30中，白1肩冲时，黑2、4是最常见应法，其中黑4是要紧的一着。黑4在二线上落子，虽有位置过低之嫌，但它又夺白根据，上下连结，还可伺机攻击白二子，实是一举三得的好棋。

肩冲时要考虑周围的布置，绝对不能盲目地进行。

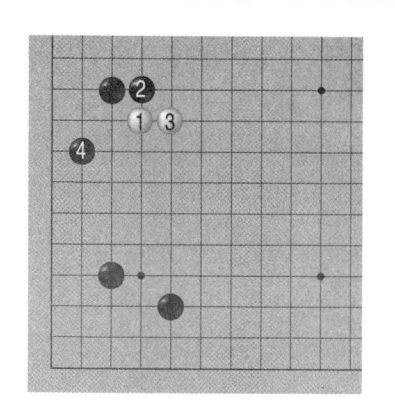

图3-30

图3-31中，白1肩冲不恰当，因为左上角星位有△子，黑2、4、6筑出厚势正好形成理想的大模样。

图3-32中，左上角白星位也是不利的，黑1依靠黑筑出的

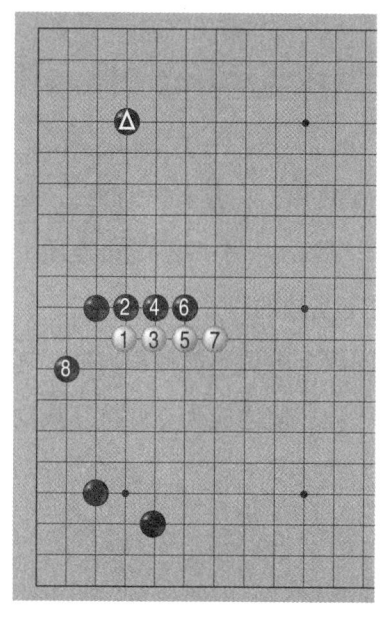

图3-31

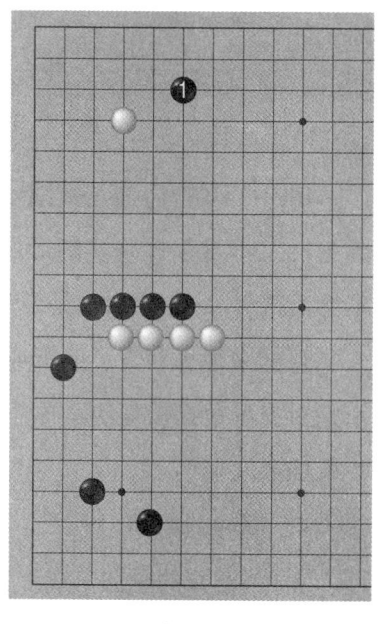

图3-32

厚势攻击白星位，恰如其分。

图3-33 左上角白小飞守角时，白肩冲的结果最为有利。

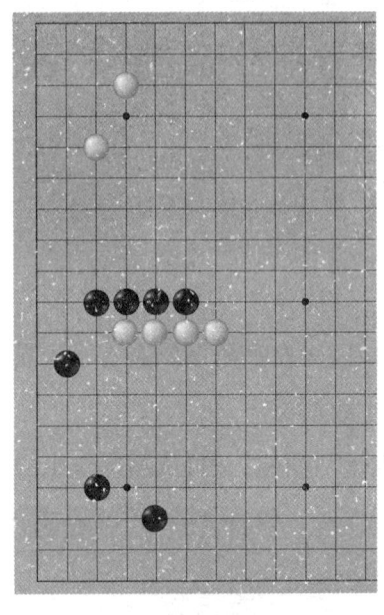

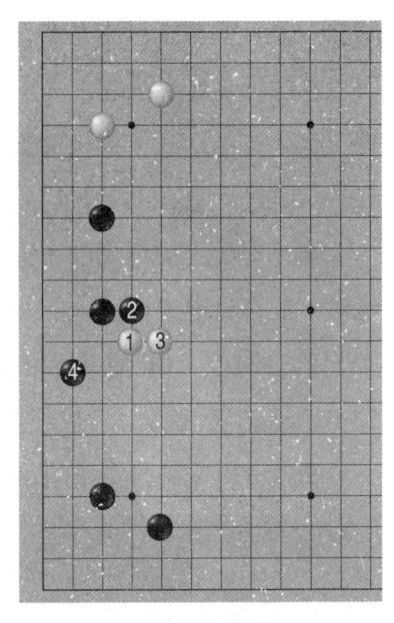

图3-33　　　　　　　图3-34

图3-34 白1肩冲是实战中常见之形，白1肩冲黑拆二，是因为拆二本身是最坚实的形之一，黑2压一手后不能再连压，不然太重复，然后黑4飞是最常见于实战的。

总的来说，对方三间拆或三间以上的拆不能使用肩冲，理由是对方可根据需要决定连压的手数，使之成为立二拆三或立三拆四的好形。

### 4. 肩冲的原则

（1）对方的子在三线上；

（2）对方的开拆，以拆二为限；

（3）有后门的地方不能围空。

图3-35中，黑1拆是错着，因为白随时可以在A位跳入，正确的围空方向是B位。

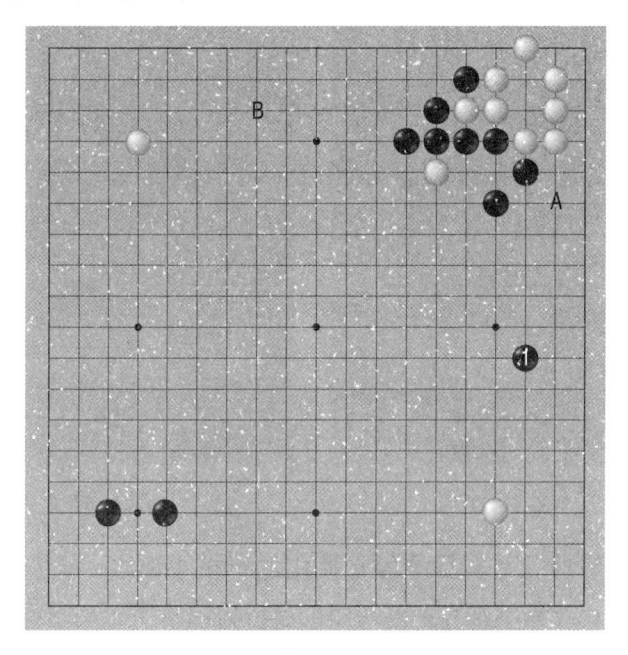

图3-35

对于这种后门洞开之处，白棋不仅限于跳入破空，有时会有更刻薄的手段。

图3-36中白1和黑2交换，白3再跳入，使黑2之子基本变成毫无作用之子，黑实在难过。

图3-37，白1打入，把3位看作是一条后路，黑2封锁时，白1即连结，黑阻挡连结时，白可以跳出来，由黑所欲围的空将化为乌有。

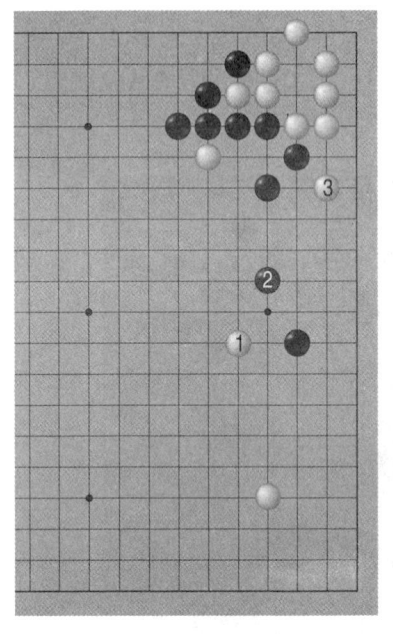

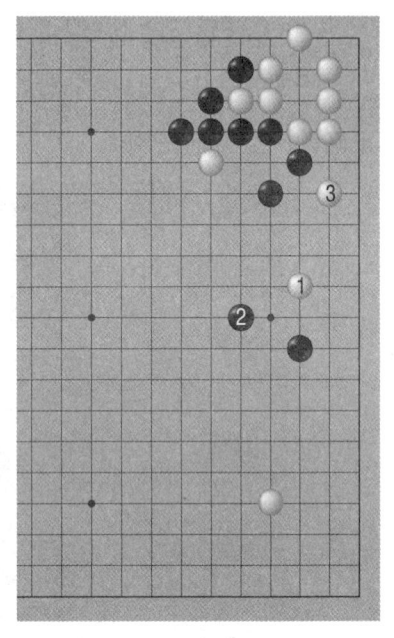

图3-36　　　　　　　　图3-37

"肩冲"是实战中经常使用的行棋手法之一。它的特点是：因其位置比对方高出一线，所以在中央出头的速度总是比对方的棋快。

在处理己方的弱棋时，我们常常能够用到"肩冲"来帮助己方尽快摆脱困境。这就是肩冲里的"借劲逃跑"之法。

## 03 厚势的灵活运用

黑棋的棋子围住了角部的一些空，而白棋的棋子走在外面形成比较完整的一排，这种就叫作"厚势"。围棋中有句说："不能靠近厚势。"反过来说就是，厚势不能够围空。

图3-38中，右上黑角无疑是厚势，白棋对此应采取什么办法呢？拆边拆到什么地方最为合理呢？

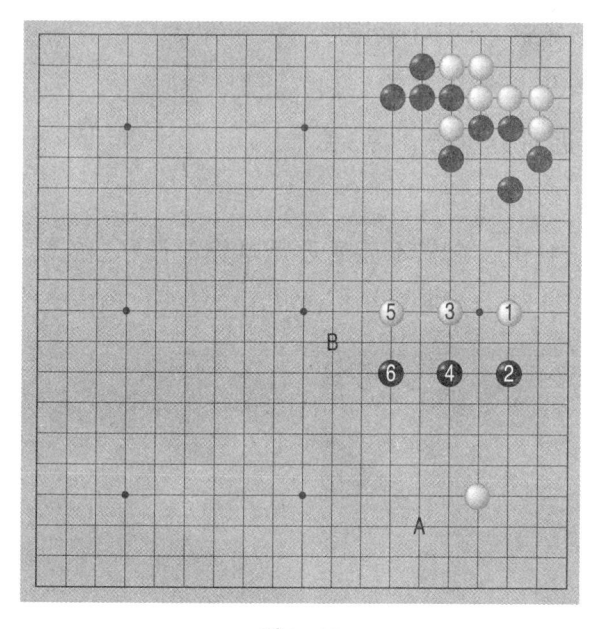

图3-38

图3-38中，白1位拆显然可接近厚势，黑2打入即是活用上边黑势而给予白棋的强烈反击。白3、5只好向中央逃出，黑2、4、6则又建立一个新的势力，以下可以A位挂，亦可B位飞

继续进攻白三子。白大为不利，都是因为白1接近黑厚势之过。

图3-39中，白1回收一路如何呢？黑2则是典型的围厚势，当然不好。白3关起既能增长白势又能消减黑势，白棋大为有利。

图3-40中，黑1不能围厚势，打入仍是严厉之着，白2拆是靠近对方厚势，黑3关出，白明显不利。

图3-41中，白棋不能靠近黑厚势，只好白2关。但是黑3、5、7关出快白一步，以下A位与B位见合，仍是黑棋有利。

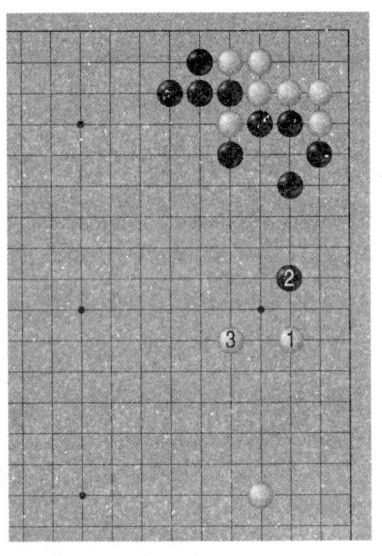

图3-39

图3-40

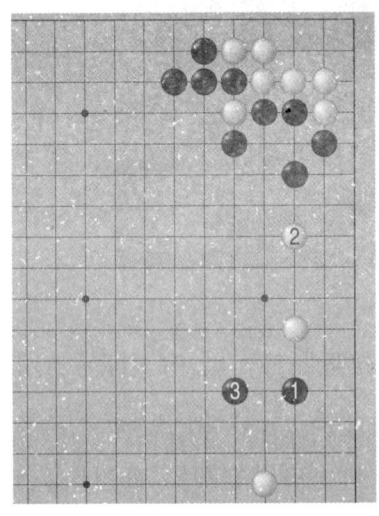

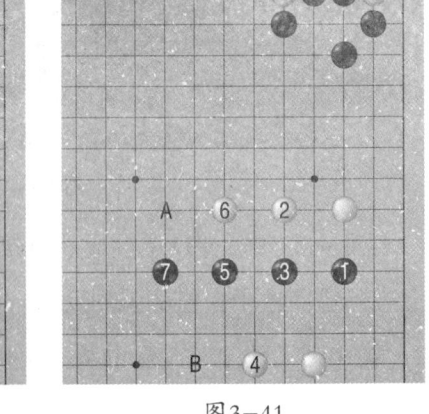

图3-41

图3-42中，黑1打入时，白2也可以尖补角内，以后还能A位托渡，黑3即阻渡，以下至黑9止，B位镇和C位挂角见合。黑3若是D位关，则白A位即刻渡过，上边厚势之威力无形中大大消减。

图3-43棋形，黑厚势强大，仅仅拆三仍是重复，白3关起是好点，白有利。

所以图3-44的黑1打入是此形正解，白棋的应手只有A位尖与B位压两种。

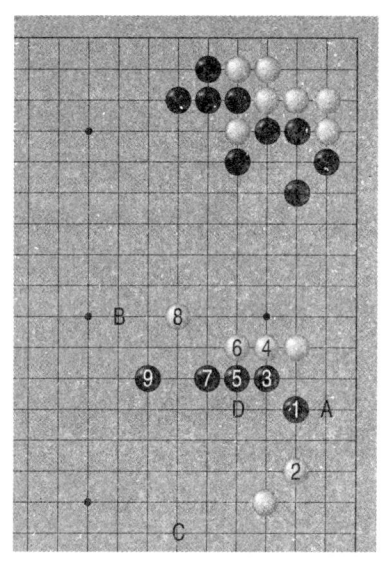

图3-42

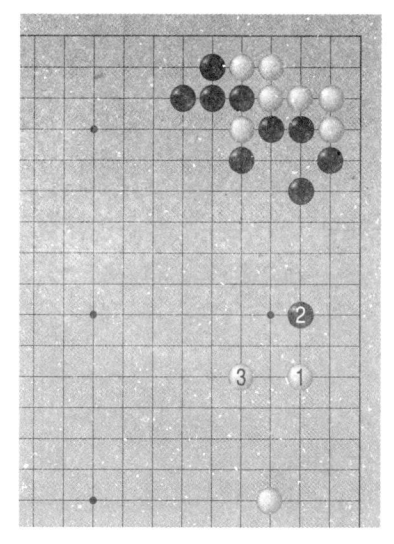

图3-43

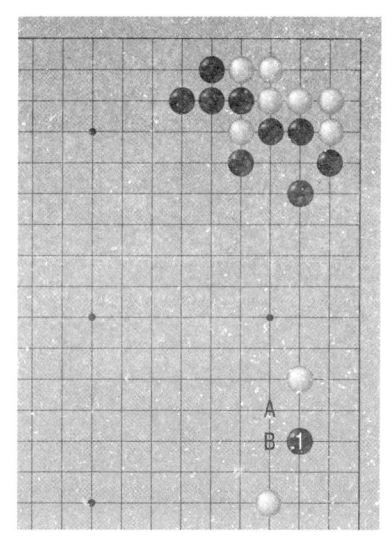

图3-44

图3-45中,白1尖,则黑2点三三进角转换已是充分之形,至黑10止,白△之子变中途半废之子。

图3-46中,白1压时,黑三三进角则是简明之策,以下至黑12止得到不少实地。征子有利时,还可伺机于A位断,黑大可满意。

图3-47中,白1大飞是此形正解。当对方有厚势时,不能留有打入的余地,也是基本原则之一。

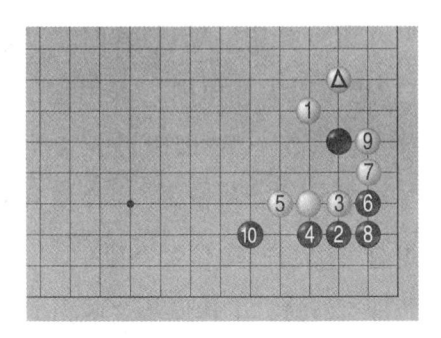

图3-45

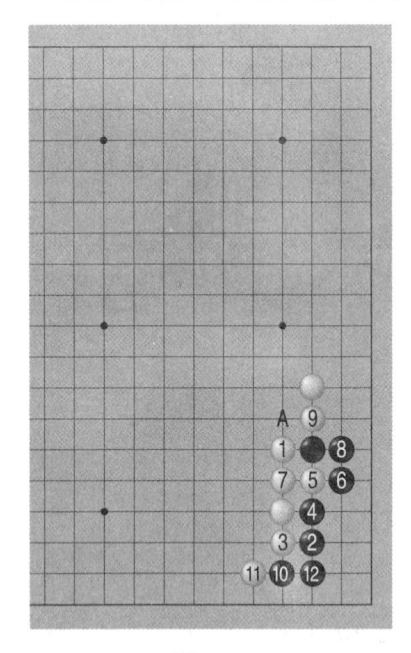

图3-46

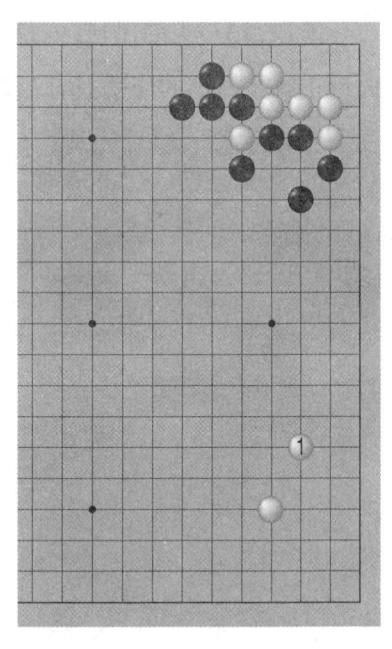

图3-47

图3-48 厚势做空。黑1用厚势做出局促的实空,手法拙劣,与白2交换,黑大为不满。

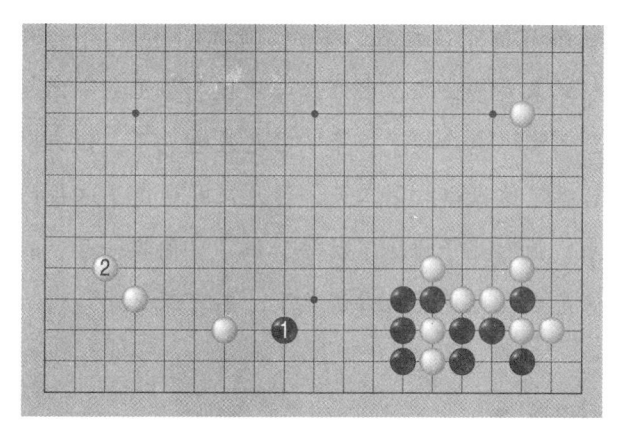

图3-48

图3-49 转移重心到左边。行棋的方向应该在离黑棋厚势更远的地方。这就是说,如果重视左边,则应采取黑1挂,白2碰,黑3拆二一类的下法。此外,如果白棋要向右边开拆,由于黑棋很厚,一般也只能拆一。

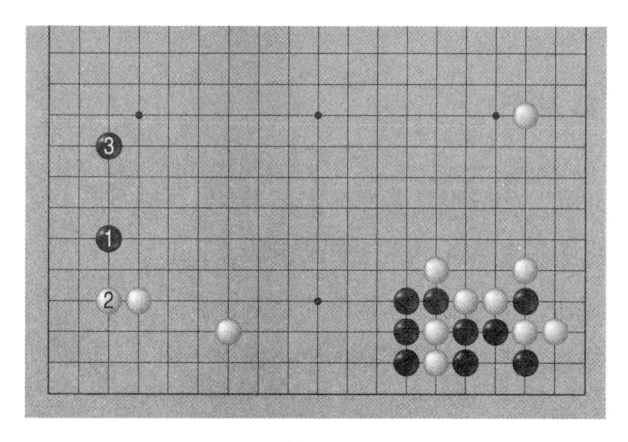

图3-49

## 趣味链接

唐朝东都留守吕元应，常和门客们下棋。有一次他在下棋，下人送来大量公文，要他立即处理。吕元应刚拿起笔来准备批复，门客迅速偷换了一子。吕元应看见了，但未动声色，门客最后胜了这盘棋。第二天，吕元应就送走了这位门客。

后来，他对儿子讲述了往事，说："偷换一子，我倒并不介意，但是由此可见此人心迹卑下，不可深交。"

## 围棋口诀

一旦走尽无余味，逢方必点见镇飞，连走三同四要变。
左右同形中为宜，迫敌靠近我活棋，压强切忌莫压弱。
出头舒畅争中腹，当心仅活被封棋，棋成愚形效率低。
边攻击来边围空，自己不活要补棋，厚势开拆是大棋。

## 围棋规则

形若散，整好形，恶形沉重好形轻。
抢出头，行棋处，跳飞长扳须认真；
被断开，吃棋筋，征枷闷追扑不归；
也可弃，寻变换，最忌走棋两侧重。

# 第四章　大场的知识

围棋从一开局，双方就尽可能多占地。从开局开始，双方就挑选棋盘上价值大的点，轮流着子。这种判断为价值大的点，在围棋术语中称为"大场"。

## 01 什么是大场

大场可理解为大处。具体地说，就是在布局阶段，除占角、守角和挂角是大场外，凡是可以扩展己方势力范围，或可阻碍对方扩展势力的地方，都可叫"大场"。

图4-1中相邻的两个角，双方各占一角时，边上的中心点附近是大场。本图中的A、B、C、D各点都是大场。

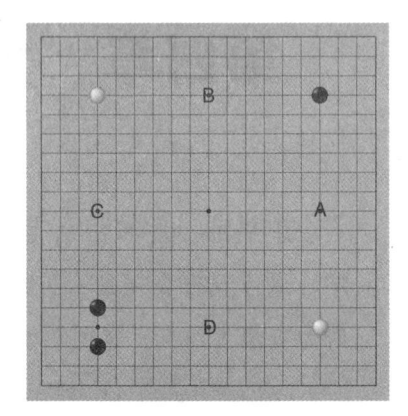

图4-1

图4-2中，在对方占据相邻的两个角时，边上的中心点附近，也是大场。本图中A、B均是大场。

图4-3中，白1开拆得地，同时还攻击上边两个黑子，这是

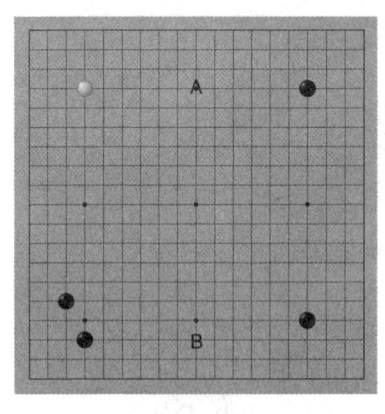

图4-2

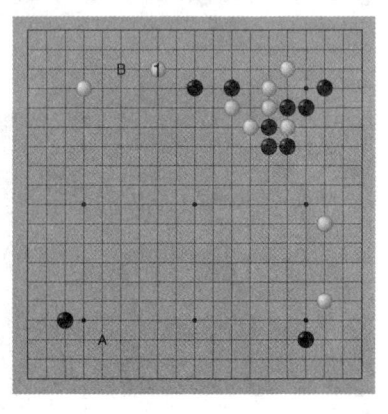

图4-3

## 第四章 大场的知识

此时盘上最好的大场。如白1改在A位挂角，黑必在B位挂角，以补强上边。

图4-4中，在双方互有大形势的情况下，一着棋既能扩张自己的大形势，又能削弱对方的形势，这种全局性的好点，叫作形势消长的要点。本图白1即是双方消长的要点，无论被哪方抢占都是盘面上绝好的大场。

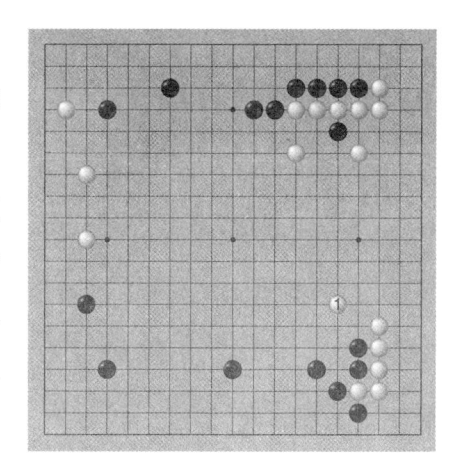

图4-4

此外，凡是能扩大自己地域和势力，或能限制对方地域和势力的地方，也叫"大场"。因此如图4-5，白走拆一后，使自己边上的拆二得到加强和扩大，而使黑的右角受到限制，变得单薄。所以，白1的价值不能单从拆一的大小去估量，它是一着关系很大的大场。

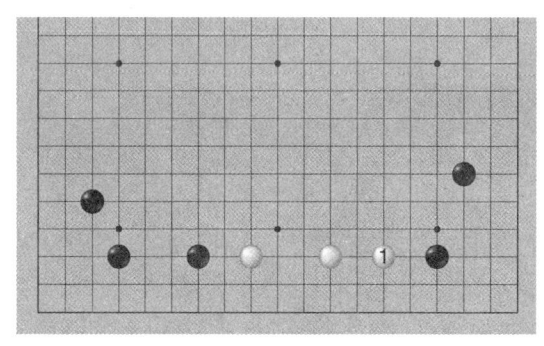

图4-5

## 02 大场理想形

占据大场时,要考虑到棋子之间的配置。棋形好,效率才会高。

图4-6中的两个形,黑棋以无忧角、单关角为中心向两边开拆,是十分理想的阵容。这样的形状对方不易侵消,一般来说总能占住一边。

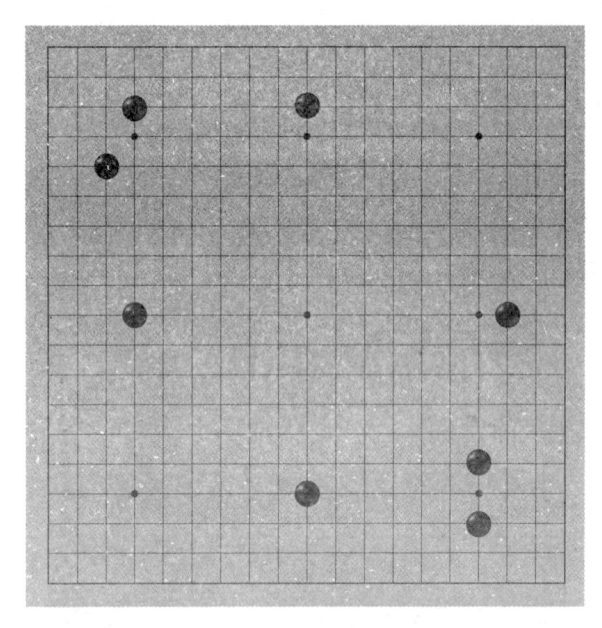

图4-6

立体的方形叫作"箱形"。这种形状有利于发展势力,成空的效率也高。

有句格言:"棋子围空方胜扁。"就是说同样子数围地，方的要比扁的大。图4-7的两个形，都是用5个子围空。上面的围30目，下面的围35目，立体的形状明显要优于扁平的形状。

图4-8的两个形，就是理想的箱形。其形生动且效率高。下面的形若能在A位补一手，所围实空则会相当可观。

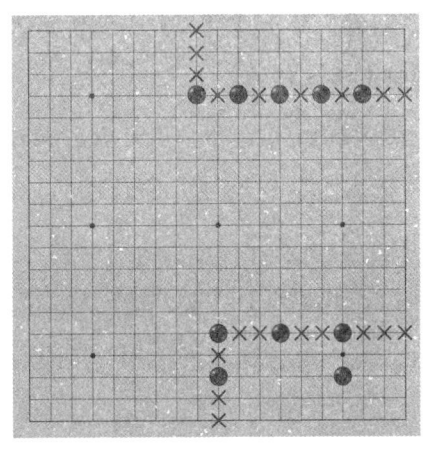

图4-7

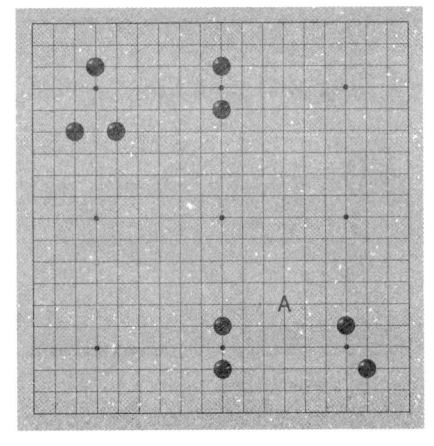

图4-8

## 03 大场的价值

棋盘上的好点比较容易发现。然而当盘上有两个或两个以上的大场时,要判断哪个更好却是比较困难。这时就需要我们根据全局的子力配置,分析其价值大小和优劣缓急。

### 1. 获得理想形大场价值大

图4-9中,黑无忧角向A、B两点开拆皆属好点,但占据哪一点更优呢?答案当然是A优于B。原因是A点为立体形态,这是B点所不及的。

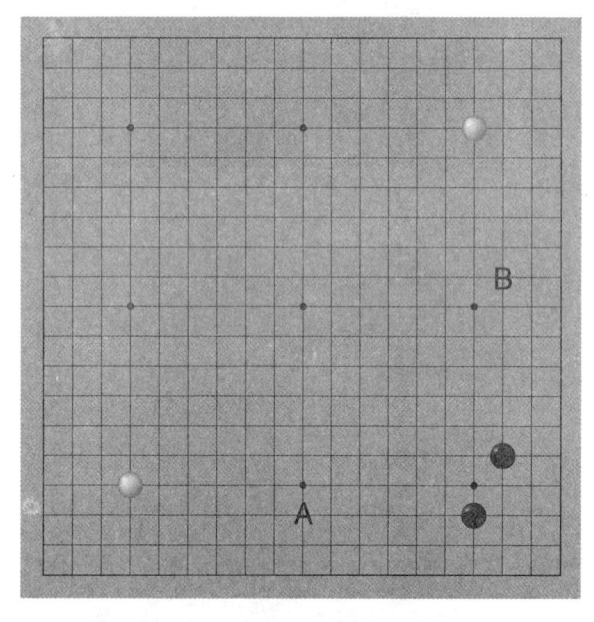

图4-9

图4-10中,白星位拆边时,白1之点当然优于A点。

从图4-9和图4-10两例之中，不难得出一个结论：获得理想形的大场比破坏对方理想形大场的价值大。

### 2. 有后续手段的大场价值大

对于图4-11的白单关角，黑1拆二是大棋，因为以后还可以A位或B位侵角。若是白△单关角是守住在C位无忧角，那么黑1这手棋便不会那么吸引人了。

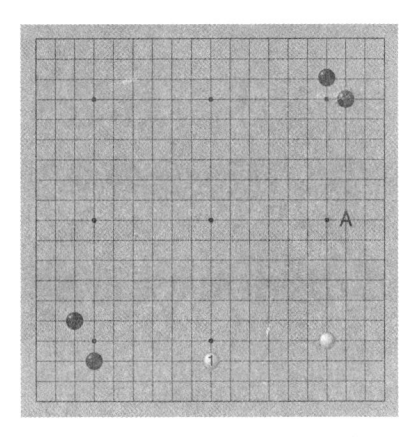

图4-10

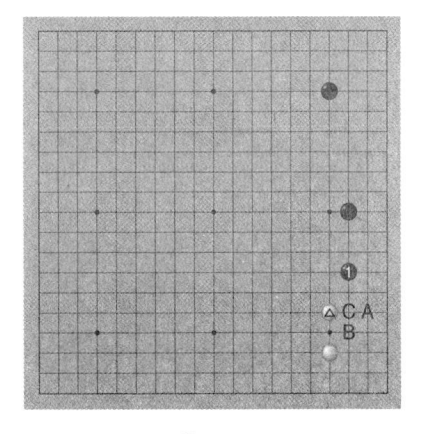

图4-11

图4-12中，右面棋形的白1拆是引人注目的好点，左面棋形的白1拆二与黑2守交换则没有什么意义了。

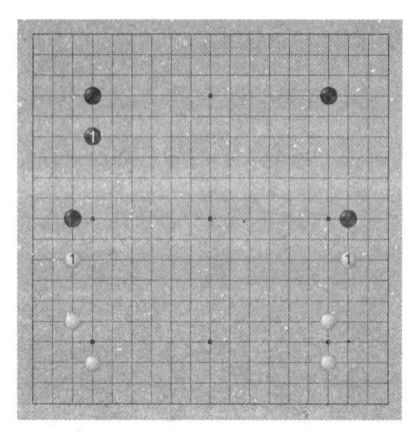

图4-12

从图4-11和图4-12两例之中我们可得出一个结论：有后续手段的大场价值大。

### 3. 具有攻防要点的大场价值大

图4-13的黑1拆二和图4-14的黑1拆初看起来很狭小，但

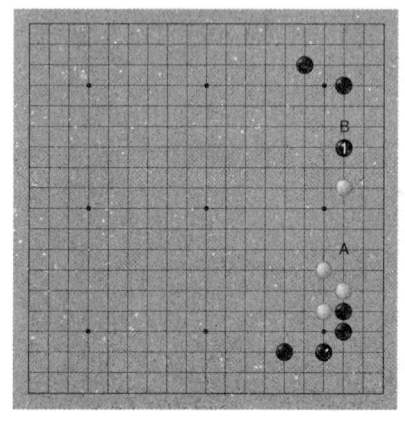

图4-13

都属于瞄着A位打入之手段。

图4-13中,若被白棋走到B位(图4-14 为1位)则攻防关系逆转,所以,黑1位也是大棋。

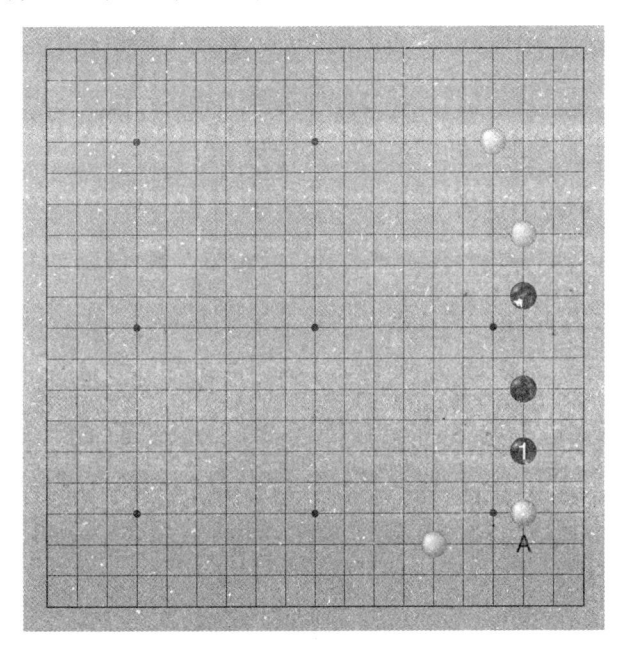

图4-14

像这种相互留有手段的场所,也许称作"攻防要点"更为贴切。我们在实战中,应根据比较大场的价值大小和优劣缓急的原则,去灵活的运用它。

## 04 如何选择大场

占据大场往往就代表占据优势,然而大场也有优劣好坏之分,那么就需要我们去学会如何选择大场了。这样,我们才能在棋局之上赢得主动,最终走向胜利。

### 1. 拆边的优劣

图4-15 为双方各守两个对角的布局。黑1拆是盘上最优一点,它不仅是左下无忧角立体状态发展方向的开拆,同时又限制了白左上角立体形态的势力发展,所以其价值是第一位的。

其次是白2最好,它不但是右下白角开拆的绝好点,还限

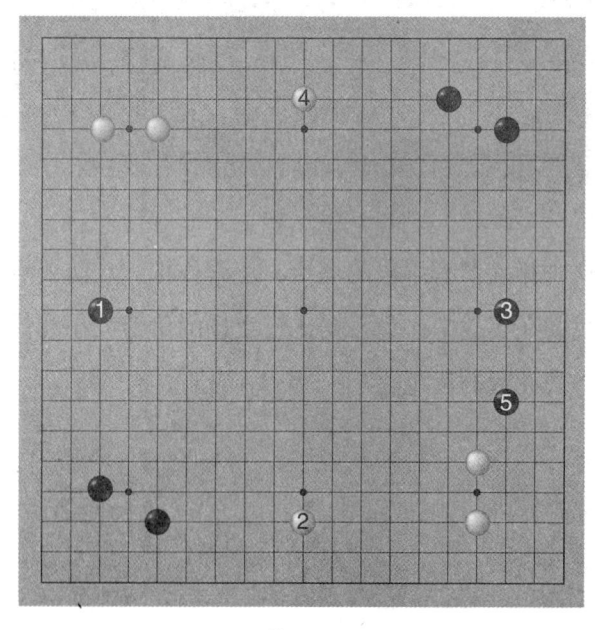

图4-15

制了黑棋获得两翼张开的好形。接下去，黑3、白4也是同样道理。再往下则是黑5拆二的价值最大。黑棋先后能走到以上这些点，是找到了正确的行棋次序和准确掌握了拆边的优劣大小的。

2. 守角的选择

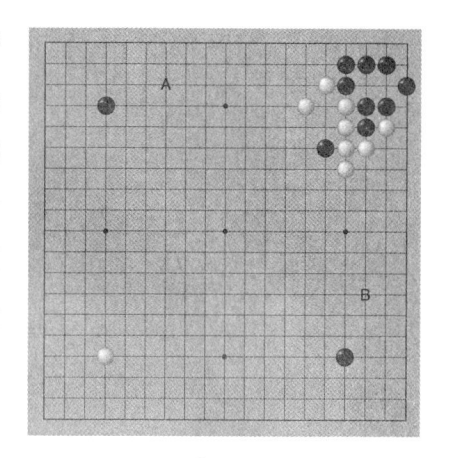

图4-16 布局于此，下一手黑棋在A位或B位守角，都同时有限制白棋势力发展的作用，是无可非议的好点。但实际上右上角白棋并非对称之形，所以，选占A点还是B点会大有区别。

图4-17中，黑1是正确之着。白2至6为常法，由于黑棋有

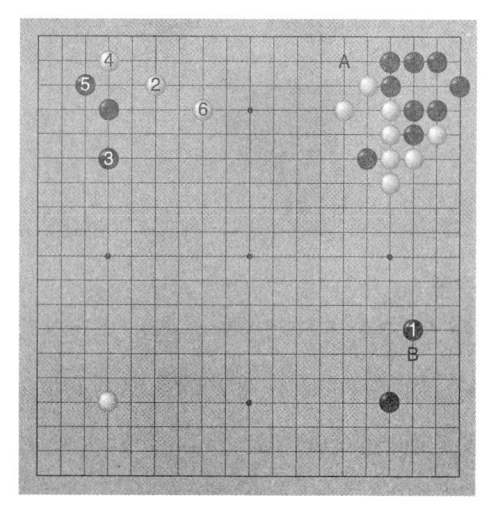

A位的跳入，大大降低了白棋上边围空的效率。如果黑1在左上角大飞，白B位挂，情况就会大不相同了。

### 3. 紧迫的一手

图4-18中，白1大飞为不容忽视的一手。尽管此时盘面上大场有很多，如在左边开拆等，但被黑占到A位尖这个攻守兼备的好点，白右边拆二立显窘迫，可谓白布局失败。

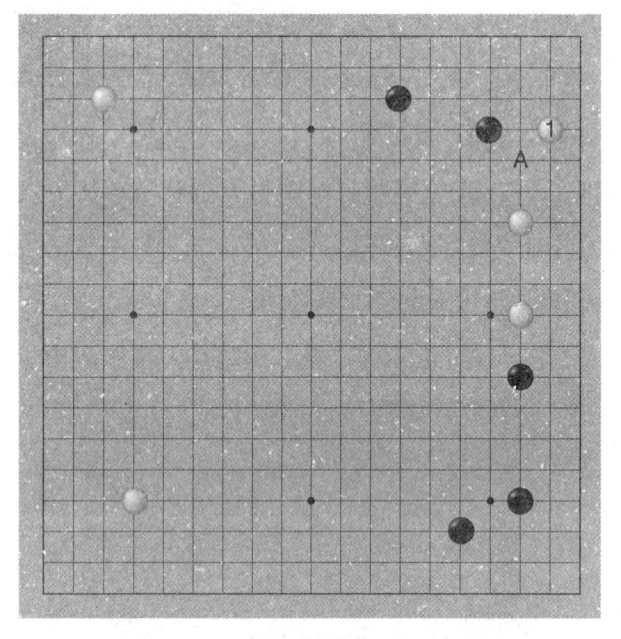

图4-18

图4-18中，白1大飞与黑A位尖之间，就其实利本身而言已是相差甚大，何况这关系到双方的强弱与安危，所以像这类紧迫之处一般是绝不能放过的。

## 4. 全局的要点

图4-19中，黑1拆二虽然实利很大，但由于下边白棋十分坚固，黑1后不存在有效的后续手段，况且被白2占到理想大场，黑棋不能满意。

图4-20中黑1拆，同时限制白星向边上的发展，白2拆必然，黑3关起扩张右边势力，下一手则于A位飞压。这才是正确的思考方法。

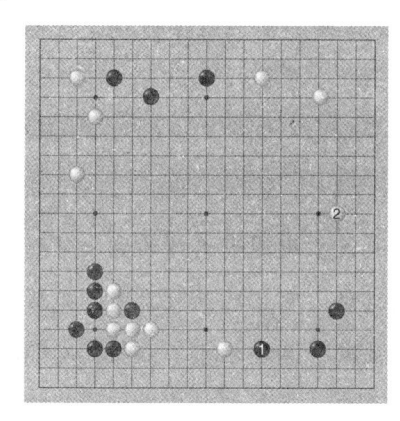

图4-19

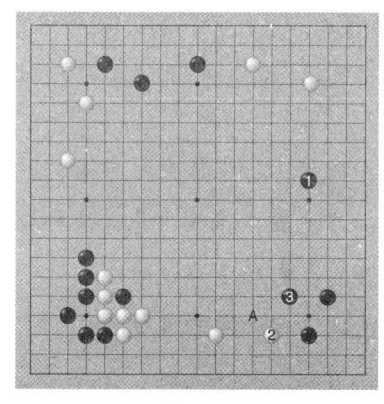

图4-20

### 趣味小链接

围棋又称为"忘忧""无忧子",因为它能够使人忘却生活中诸多的烦恼,有着陶冶性情的奇妙作用。

话说唐代宗时候的朝臣李讷性格暴躁,但是酷爱围棋,只有下棋时才会变得和蔼可亲。所以,当他遇到事情要发脾气的时候,家人就会赶紧给他送来一盘棋。而李讷只要一看到棋,心情便会马上为之一变,拿起棋子便研究起布阵之法来。

### 围棋口诀

敌强欲削宜浅侵,进退有路方为宜,自己断点常记心。
适时护断别忘记,自己已活可脱先,先活自己再杀敌。
一味贪杀反被欺,两块活棋不必断,友邻浮子要联系。
断后敌孤定要断,该断不断不成棋,莫往攻击目标碰。

### 围棋规则

直四、曲四和板六,活棋像鱼水中游;
直三、丁四、刀把五,花五、花六快补救。
金角银边草肚皮,布局次序记心中。
不走废棋讲效率,堵住漏洞围住空。

# 第五章 挂角和夹攻

在布局阶段如何正确地选择挂角方式和挂角方向，如何有效地采用夹攻手法，往往对于布局成败乃至全盘的胜负起着重要作用。

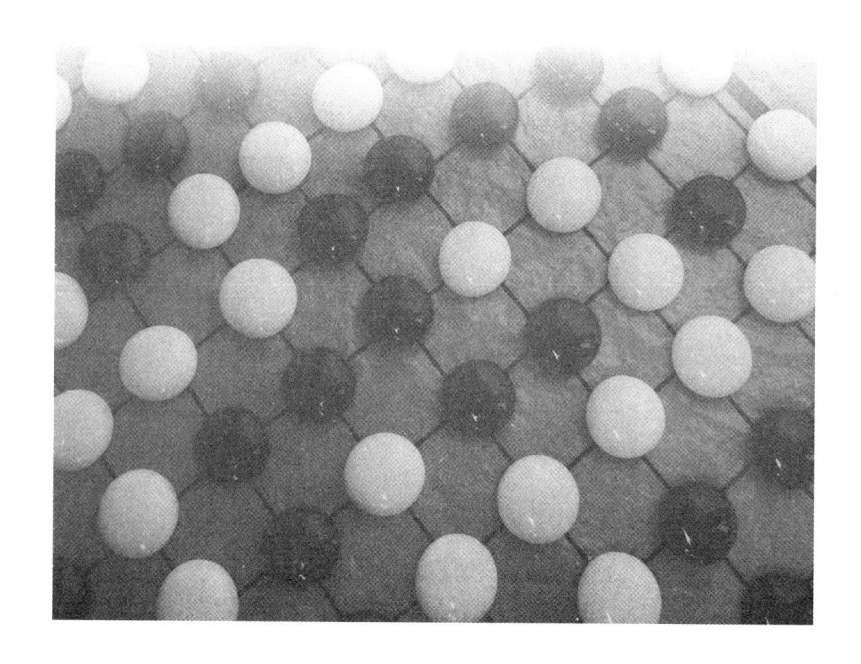

## 01 挂角的类型

挂角就是要妨碍和破坏对方守角,也就是要与对方分角,进而达到攻击对方的目的。

### 1. 对星位的挂法

对图5-1的黑星位,白棋绝大多数是在A位挂,被称为小飞挂;也有在B位挂,被称为一间高挂;还有在C位挂,被称为二间高挂。B、C位的挂是照顾势力时的下法,但是容易亏损。在特殊场合时,甚至可以D位挂。

### 2. 对三三的挂法

对图5-2的三三,白棋可以有A、B、C、D、E的挂法。E位的尖冲为重视中央势力的下法;而A、B、C、D的挂法要根据周围子力的配合,尤其要考虑挂后的拆点。

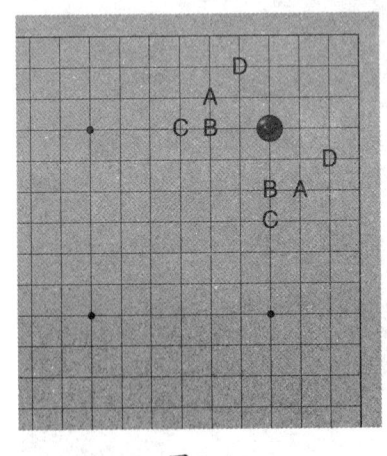

图5-1 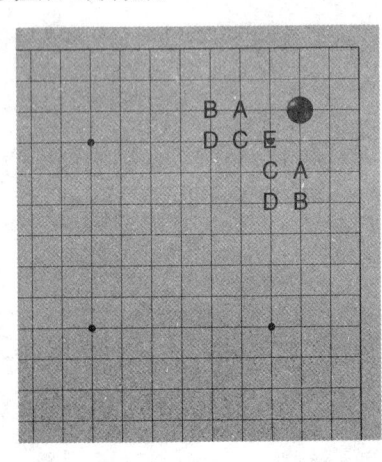    图5-2

### 3. 对小目的挂法

对图5-3的黑目外，白可在A位（小目位）和B位（三三位）挂，这是重视实地的下法；C位挂则有损实地；特殊场合下还可在D位挂。

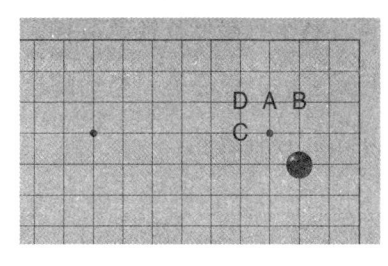

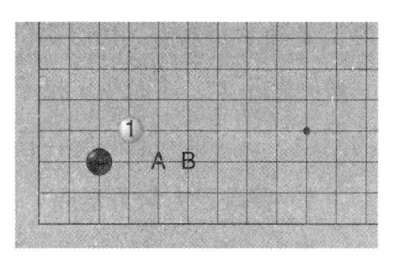

图5-3

图5-4

在国内外对局中，图5-4以白1这种一间高挂最为常见。在B位的小飞挂角也很常用，两种挂角相比，小飞挂位置较低，易在以后侵袭对方角部，与对手平分角空，而白1则因其所处位置较高而对对方角空威胁较小，但也因其位置较高，容易在今后棋局发展中于A位等处压迫黑一子。

### 4. 对高目的挂法

图5-5中，由于高目的特殊性，挂法比较简单。黑子高目一般只有A位和B位的挂法。根据周围配置，也可于C位挂。

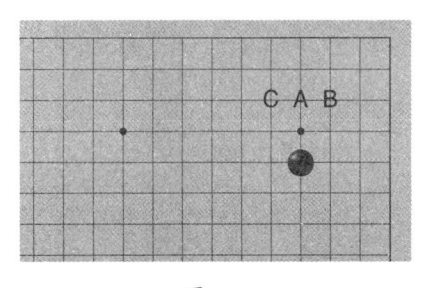

图5-5

## 02 挂角方式的选择

挂角的方式有各种各样，所以在布局中，对挂角方式的选择就显得十分重要。在初期布局时，对小目是低挂还是高挂，一般问题不大，然而盘上棋子多起来之后，就必然产生力配合的问题，这时就很有必要在挂角方式上有所选择。

### 1. 照顾己方势力发展

图5-6中，白1挂欠妥，黑2、4采取压长定式恰到好处，到黑6挡止，不仅限制了白棋势力的发展，而且还构成了相当可观的阵容。

图5-7中，白1高挂才是此时的好手，黑2应后，白3关起

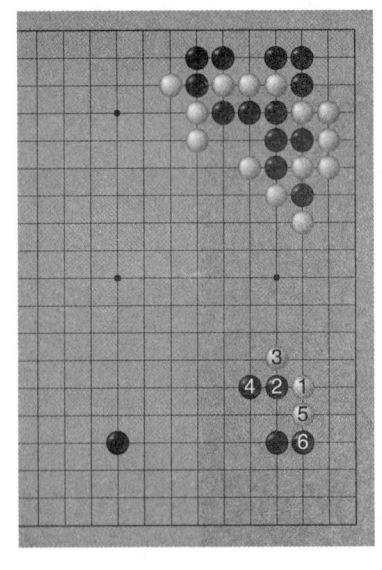

图5-6 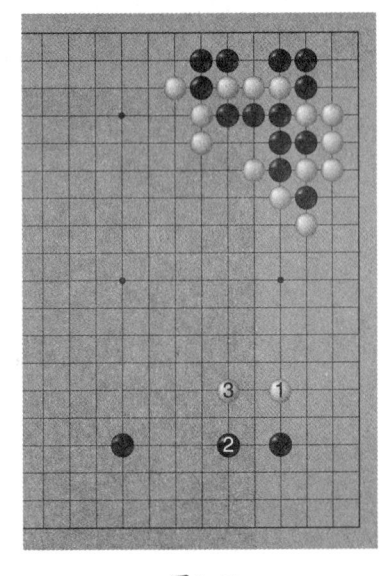　　　　　　　　图5-7

又是好点。如此，白右边势力庞大，形状生动。

## 2. 阻止对方势力过大

图5-8中，白1挂后，被黑2飞压，已经无法脱手，黑4长，黑6、8连压，右边构成强大阵势，都是白1挂角不当所致。

图5-9中，白1高挂为正确之着，虽被黑2、4占得角地，但白能占到5位形势要点，是白成功。

## 3. 防止被对方强攻

图5-8

图5-10为"高中国流"出现的局面，白1低挂有问题，被黑2尖顶、黑4飞攻，黑△一子恰到好处，白棋局势严重。

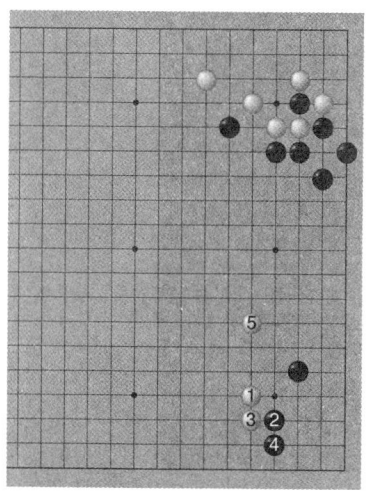

图5-9

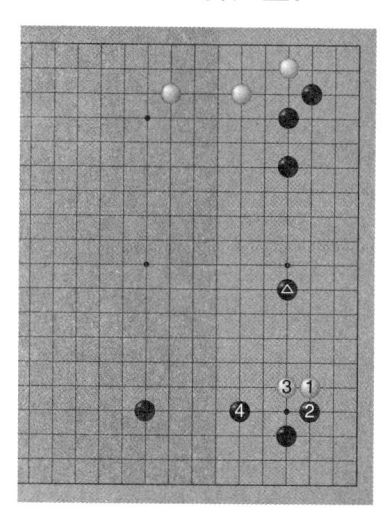

图5-10

图5-11中，白1高挂正确。黑2若飞攻，白3靠、5托、7断为漂亮的腾挪手法，至白13止是近似于定式的下法。此时白1高挂轻灵，为妥善之策。

**4. 考虑理想的拆点**

图5-12中，白1挂，黑2反夹绝好，至黑8止的结果，白形局促，黑则两边得利，且强化了右边阵地，显然白不满意。

图5-13中，白1挂在三三，黑2反夹至黑12止的结果，与图5-10大同小异，仍是黑好。

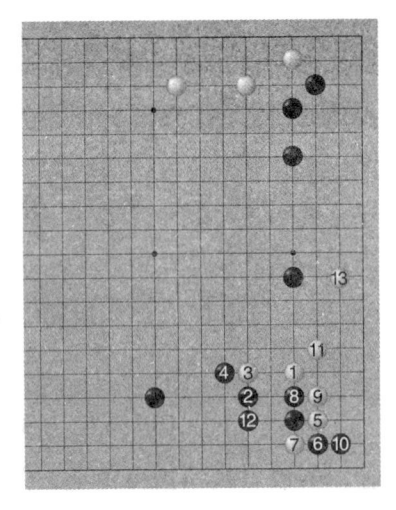

图5-11

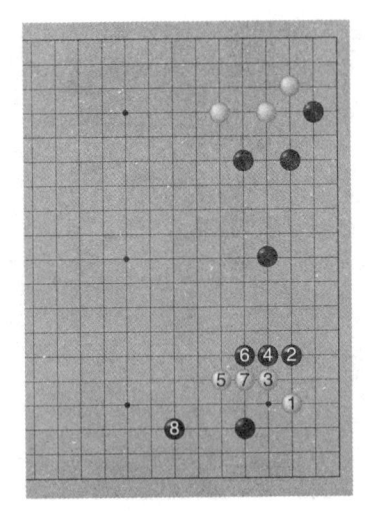

图5-12

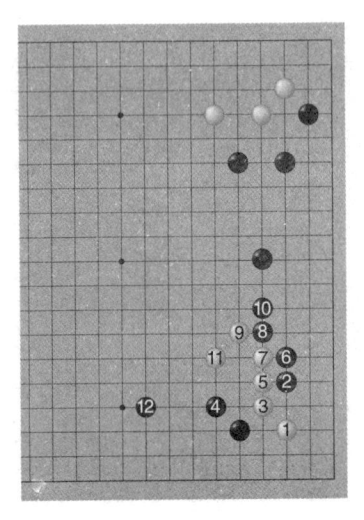

图5-13

第五章 挂角和夹攻

图5-14中，白1挂为有趣的一着。下一手有A位进角与B位拆二两个好点，二者必得其一，无论是占据A位或B位均可获得安定。这个挂法明显优于前图5-12、图5-13。

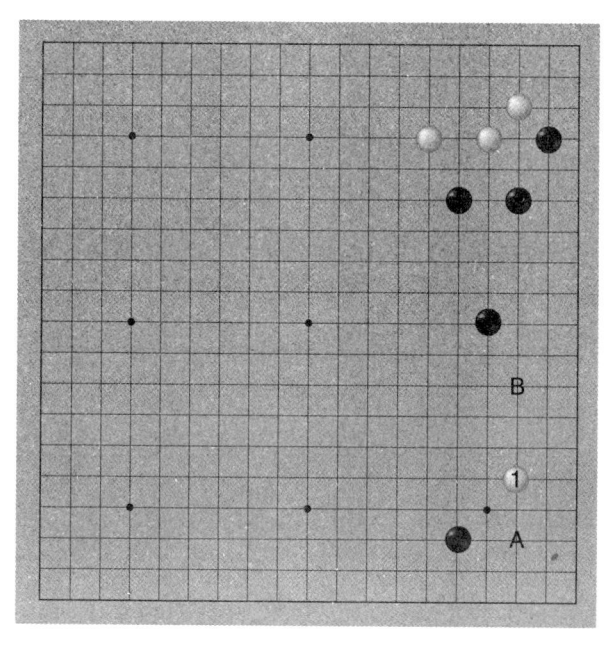

图5-14

"拆"就是以棋盘原有的己方棋子为参照在三线或四线上向左或向右间隔若干路开拆一着。拆子的距离间隔一路为拆一，间隔二路为拆二，间隔三路为拆三。

拆常常用于扩张地域或谋得己方根据地，有时也用在扩大地域、求己方根据地和搜取对方根据地时同用。这时拆便发挥出了最大潜力。拆在布局、做活中很常用，初学者在对局中如能好好运用这一手段，就会多占便宜。

## 03 挂角的方向

对于星和三三来说,还有一个挂的方向的问题。

**1. 考虑势力的配合**

图5-15中对左下角的黑三三从白1方向挂正确,黑2拆二后,白3占据大场,配合右下角白单关,势力得到发展。若白1在A位挂,则黑在1位应,白只得向左边拆,黑再3位拆,白大失败。

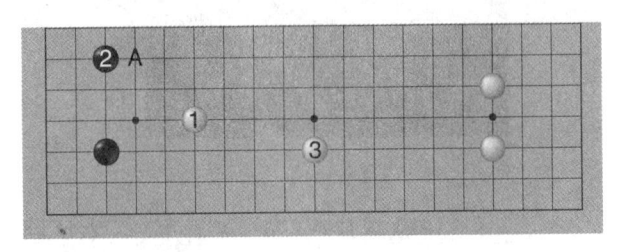

图 5-15

**2. 考虑破坏敌势**

图5-16的棋形,由于黑星与左下角黑势相隔较远,白如A位挂,黑B位单关应,则下边配合极为充分。所以白1的方向

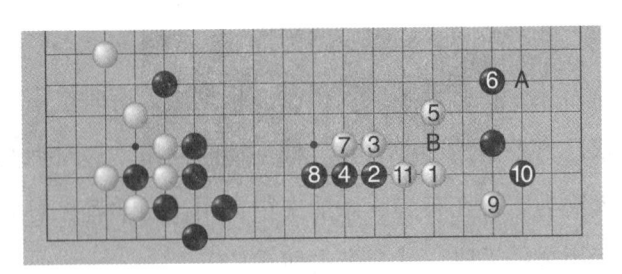

图 5-16

挂将会起到破坏黑势的作用。黑若6位单关应，白4位拆二大可满意；黑若2位夹攻，白3以下是好手法，至白11止，是白成功。

### 3. 考虑攻击对方

图5-17的黑棋在有△一子的情况下，黑1挂是正确方向，至黑5止即获得安定，而白△子却会变得孤立无援，黑可满意。若从A位方面挂，则会太软弱无力。

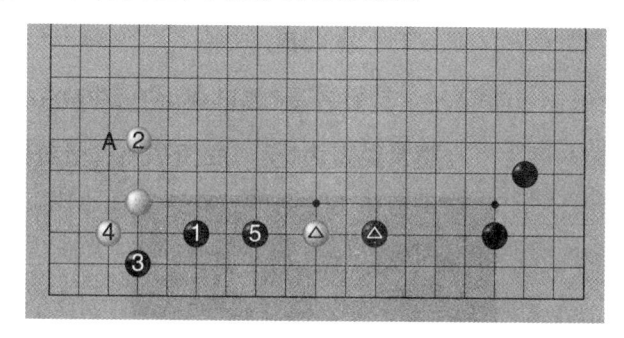

图5-17

### 4. 考虑开拓新地

图5-18 右边白棋很厚，但发展性不大，故从白1方向挂正

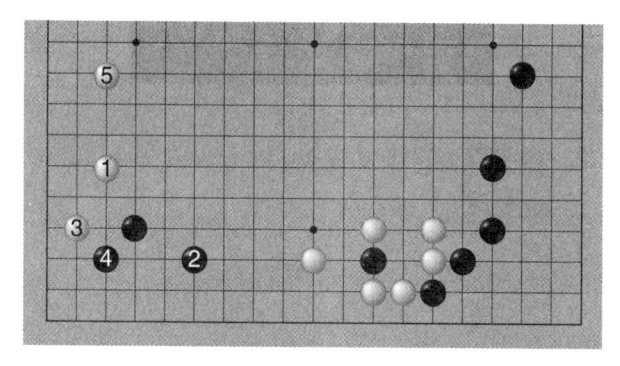

图5-18

确，至白5止为基本定式之一形，白且开拓了新地域。如黑从2位方面挂，地域狭窄，仅仅是增加几目空而已，从全局看是得不偿失。

在围棋实战中，往往会遇到各种各样的棋形，这就更需要加深理解布局原理，掌握基本思考方式，并善于灵活运用，才能使棋艺水平不断提高。

学习挂法，了解挂法的方向，占据或破坏对方棋子借以获得安定的特点，从而达到攻击的目的，是围棋对战时的重要战术之一。

我们只有了解各种棋形，明白围棋中各种形式的挂法，才能够从容面对每一盘棋中每一个势的变化，从而走出针对性的落子，如此我们才能够在棋场上游刃有余。

初学者不要学习高手的下法，你没有他们那样的战斗能力，从狭窄的地方挂角可以破坏别人的布局，但也会遭到攻击，如果处理不当，就会得不偿失。

初学者不如从宽广的地方挂，局势比较平稳，好处理，不会在布局阶段进入战斗，也不会吃亏。从狭窄的地方挂是根据局势而定的，有的时候好，但多数时候不好。

总之，初学者不要过分学习职业棋手下法，要看书上怎么写，不然会越学越乱。

## 04 夹攻的种类

围棋中占据对方的拆点，也就是通常所说的"夹"。如图5-19的黑1尖顶，使白2走重，黑3就是夹。再如图5-20的黑1也是夹。

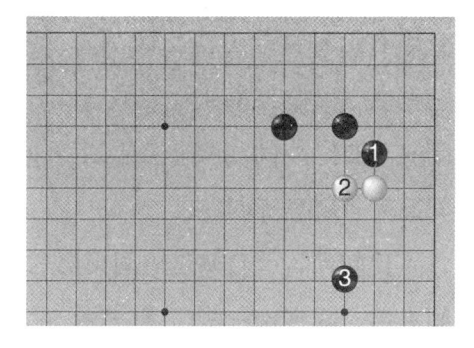

总结来说，就是夹都带有攻击性，所以也叫作"夹攻"。而夹攻的种类则有以下两种。

图5-19

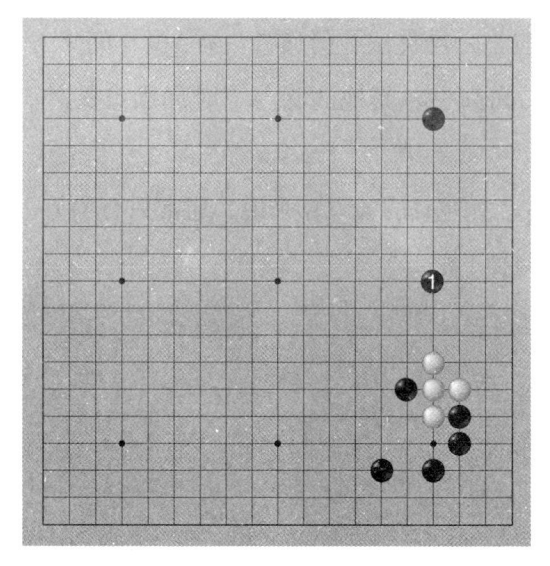

图5-20

## 1. 星

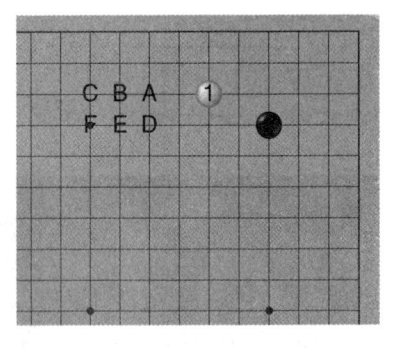

对于星位来说，绝大多数都是图5-21的白1小飞挂。这时黑有六种夹攻方法，即A位一间夹、B位二间夹、C位三间夹和D位一间高夹、E位二间高夹、F位三间高夹。

图5-21

比较而言，自然是一间夹比三间夹更紧一些，急一些；三间夹比一间夹松一些，缓一些。正因如此，对这六种夹攻的选择，都要根据棋盘上其他子力之间的配合和缓急而定。

## 2. 小目

对于小目来说，挂法则比星位多，图5-22中白1的高挂，说起来也应是六种夹法，但通常只有A位一间夹、B位一间高夹和C位二间高夹。其他的除与当时局面有关外，一般很少见到。

对图5-23中白1的大飞挂来说，通常只有A位一间夹和B位二间高夹两种下法。

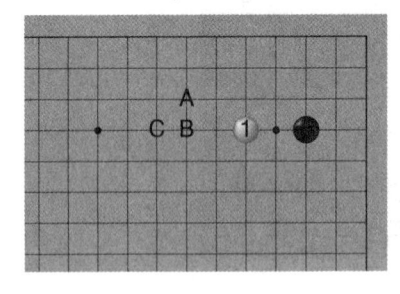

图5-22 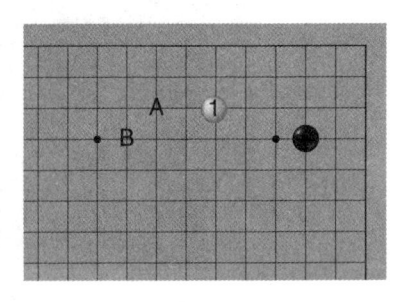　　　　　　　图5-23

## 05 绝好的夹攻

在围棋的下法中，只有好的夹攻手段，才能让你得心应手，占尽先机，所以对于如何下出绝好的夹攻，是我们不得不去重视的问题。那么我们该如何做呢？

### 1. 创造积极主动的局面

图5-24中，白1挂角，黑2关，白3飞，黑占三三，白拆二的下法虽是常型，但从全局看，则显得平淡和消极，而且与当初黑二连星的作战方针相矛盾。

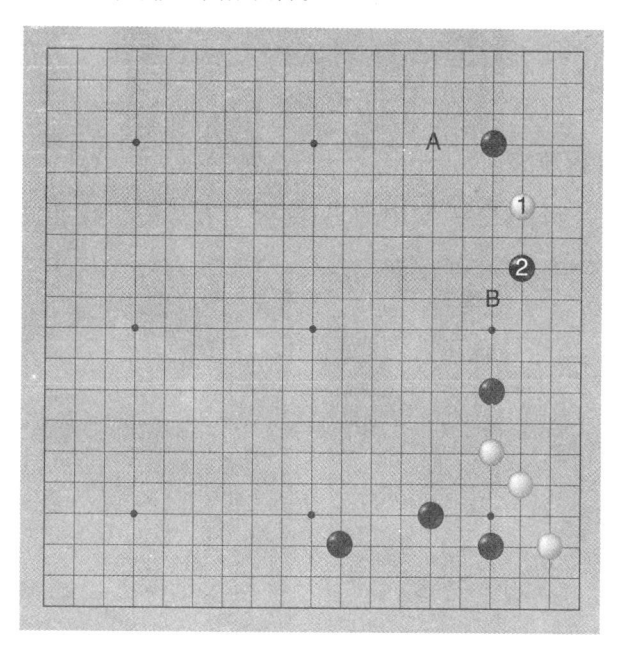

图5-24

图5-25中，黑2采用积极之策的一间夹，白3点角到黑8飞封止是常见定式。这个定式的结果是，黑下边和右上一带构成了广阔的形势，毫无疑问，黑棋掌握着中腹作战的主导权。

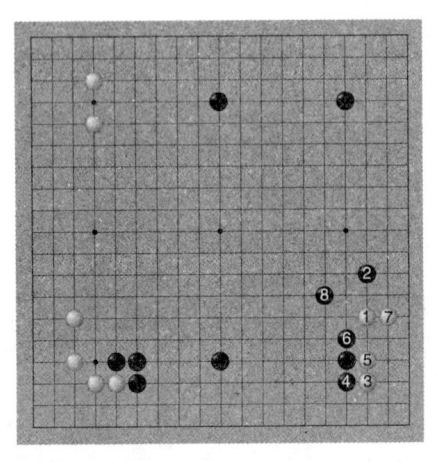

图5-25

## 2. 拆兼夹

图5-26 和图5-27中的黑1配合上方势力，既夹攻对方、

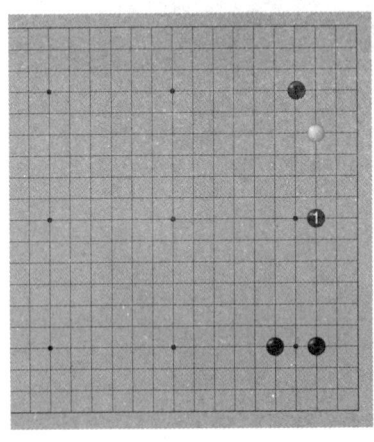

图5-26 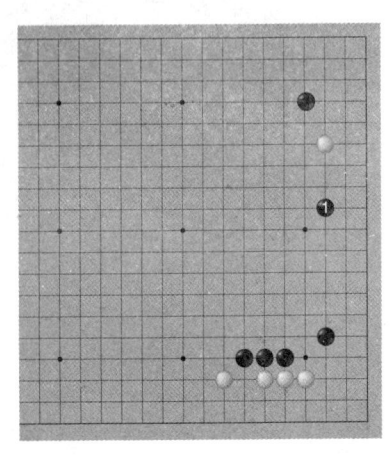　　　　图5-27

又拆边得地，是一举两得的好棋，反之，黑1如不进行夹攻，被白占到1位附近拆，也是好点，如此就正合白意了。

### 3. 攻兼守

对于图5-28和图5-29的白1挂角，黑2夹攻为当然之着。此时的夹攻比前面所说的"拆兼夹"更为重要，因为黑2位是关系到双方攻守和彼此安危的必争之点。

假若黑2不夹，而平淡地A位关应，则白将立即占领B位，同样是逸己攻人、攻守兼备的好点，于是，转瞬之间攻守逆转。所以，像黑2这类紧要之处是绝不能轻易放过的。

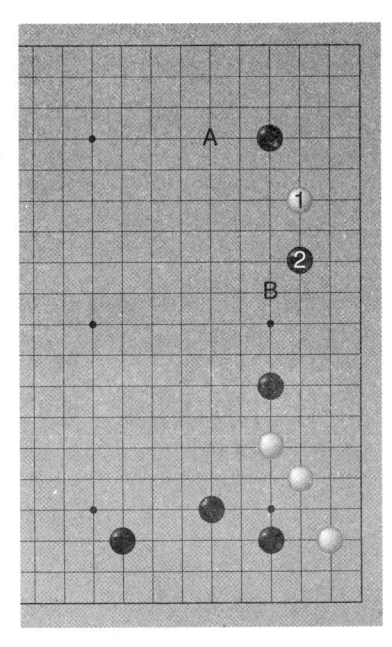

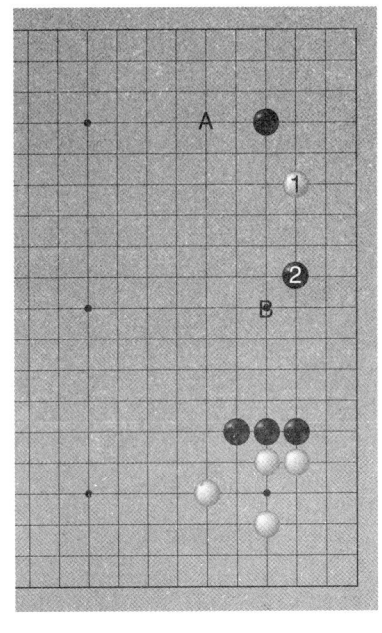

图5-28　　　　　图5-29

### 4. 往己方厚壁上攻敌

图5-30中，白1挂角，黑右上有厚壁，如黑A位夹，则白B位三三点角转换，黑右边则显重复，所以黑2尖顶进行攻击为有利着法。白5拆后，黑6、8扳粘取角，不仅得较多实地，白数子尚难以安定。这种向己方厚壁攻击敌子的下法是无比正确的。

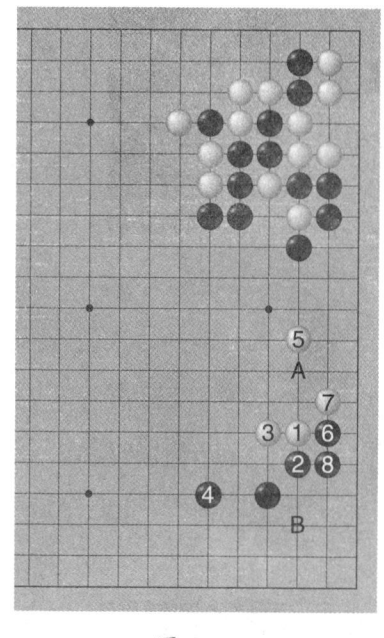

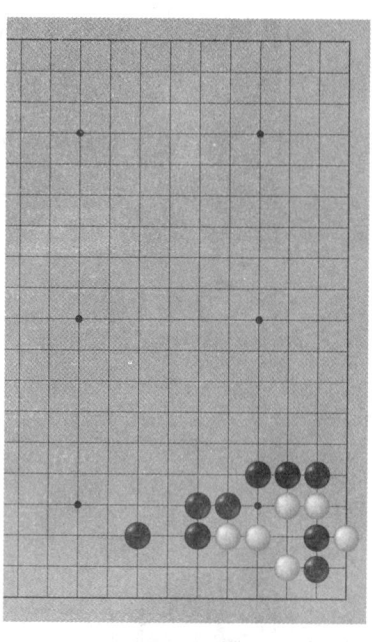

图5-30

图5-31

### 5. 内外夹攻

图5-31中，黑两子不能逃脱，白棋粗看眼位丰富，那么黑棋能不能杀白呢？就看黑能不能内外夹攻，黑两子是不是死而不僵了。显然，黑棋得先破掉里面的眼位，再从外围着手。

图 5-32 黑1拐，先手破坏白棋里面的眼位，再黑3扳，破掉外面的做眼可能，看起来就能按部就班一步步走向成功了。

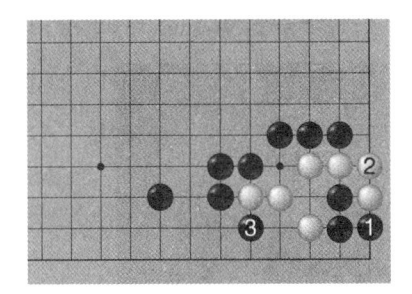

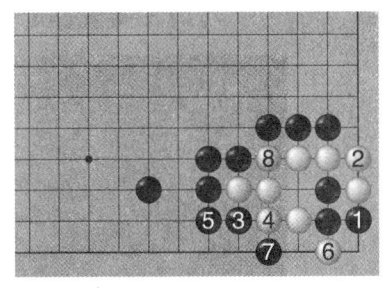

图5-32

图5-33

图5-33中，白4粘上为先手，黑5粘，白6再扳还是先手，黑7只能继续破眼，这时候，白8粘在这里，成了双活。黑棋能破的眼都破了，结果，白棋做成了双活，黑棋失败。

既然图5-34中，最后白8做成双活，那么就先挤掉它。

图5-34 黑1挤，正是基于这种考虑，白2往里爬，黑3立，无奈。白4粘上黑5再扳粘。最后白8立，还是双活，黑棋失败。

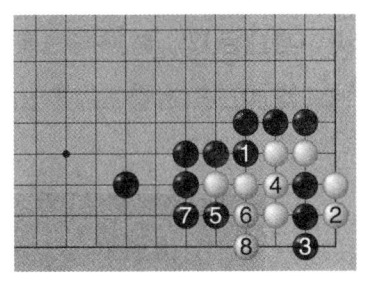

图5-34

## 06 不妥当的夹攻

围棋中有绝好的夹攻,自然也会有不妥当的夹攻,以下就是一些欠缺的、无用的夹攻,我们需要注意这些,否则棋子发挥不出应有的作用,将会毫无意义,甚至于拖累全局。

**1. 无聊的夹攻**

夹攻之前,首先要考虑夹攻的效果。图5-35右上黑棋十分坚实,但位置太低而缺乏发展,可以认为不是围空之处。现在白1挂右下黑星,黑2夹攻就没什么效果,白3点角转换,至白11止的结果,黑将得不偿失。

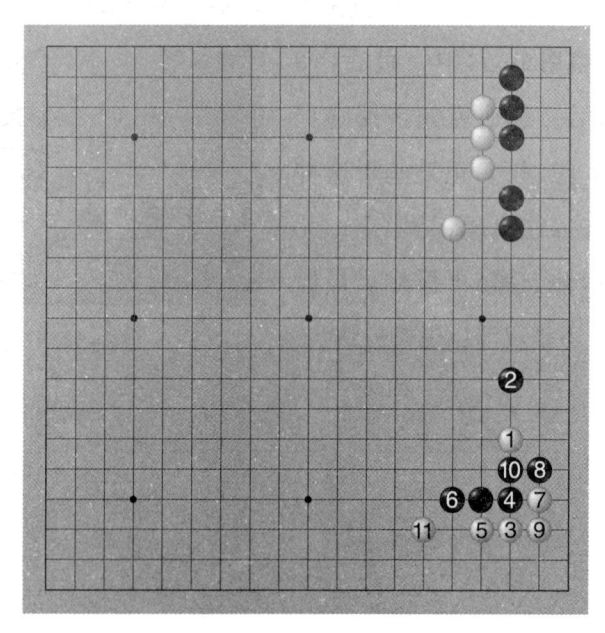

图5-35

## 2. 敌强不宜攻

对于图5-36白1的挂角，因其背景右上角白棋太强，黑2夹攻不宜，白3关出，黑4不得不应，白5当头一镇，黑棋立即陷入困境。所以，与其说黑2是夹攻，还不如说是打入白阵。

在面对敌方强大的厚势时，不分青红皂白地进行夹攻是非常错误的。

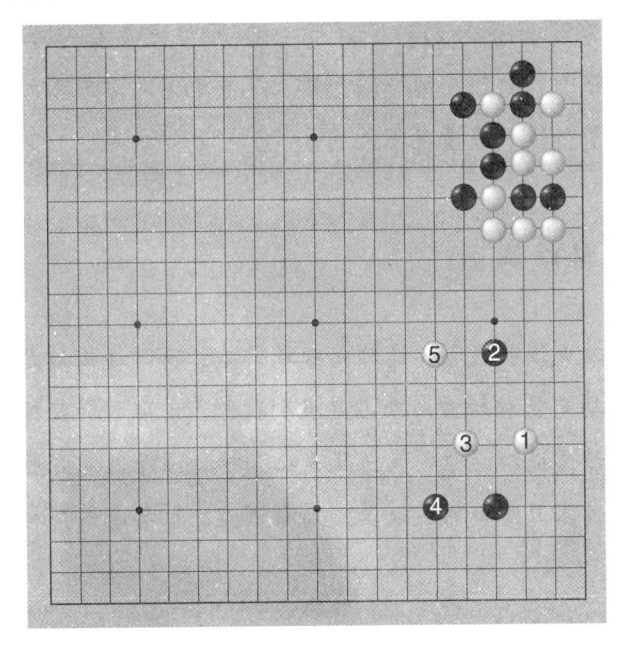

图5-36

### 🌀 趣味小链接

"象步"也称"飞象",是为田字形的棋形,中间的交叉点称为"象眼",即在原有子呈"田"字形(中间无其他子)的斜对角交叉点处下子。

"象眼尖穿忌两行"是说:如果对方走在象眼,俗称"穿象眼",自己应远一路行棋,不要贴着对方象眼的那步棋走,贴着行棋一般情况下是恶手。

### 🌀 围棋口诀

宽攻大围收渔利,逢碰必扳敢作战,有时连扳妙无比。
开劫先要看劫材,抢占要点别犹豫,看准敌弱要搜根。
迫敌走成飘浮棋,天五山是必争地,多子围空方胜扁。
两翼张开形美丽,切莫凑着帮围空,切莫凑着帮补棋。

### ⛵ 围棋规则

边角吃子有方法,我往河边来赶鸭。
同在河边要当心,选准方向不出差。
棋要连,断要补,团结起来力量足。
远离敌人跳、飞、拆,靠近敌人长、双、虎。

# 第六章 布局基本型

布局的类型包括平行型布局、对角型布局、互挂型布局、秀策流布局、"中国流"布局五种。

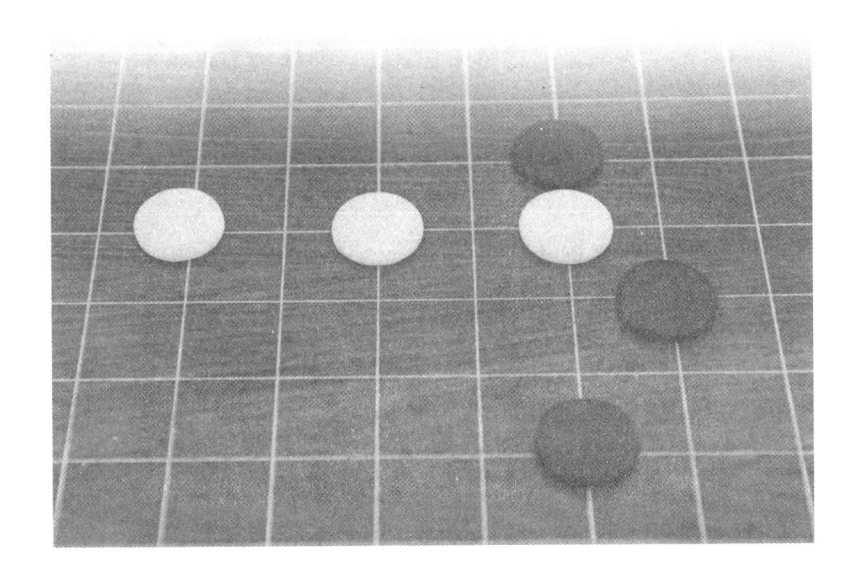

## 01 平行型布局

双方各占相邻的两个角称为平行型布局。这种布局偏重于取边角实地，较为平稳简明。按照布局通则，占据要点，抢占大场，有时能各自连成一片，形成较大模样。

这类布局形式深受广大棋手的欢迎。它大致分为错小目守角型、星小目守角型和三连星布局三种常见型。

### 1. 错小目守角型

错小目守角型分高挂和低挂两类。

图6-1是错小目守角型高挂类的典型。右下角白6高挂后至12止是最常见的定式，也是这种布局公认的走法。双方都比较满意。

在左边，由于白方相邻两角的位置不同，变化较多。除走定式外，没有固定的边角常型。

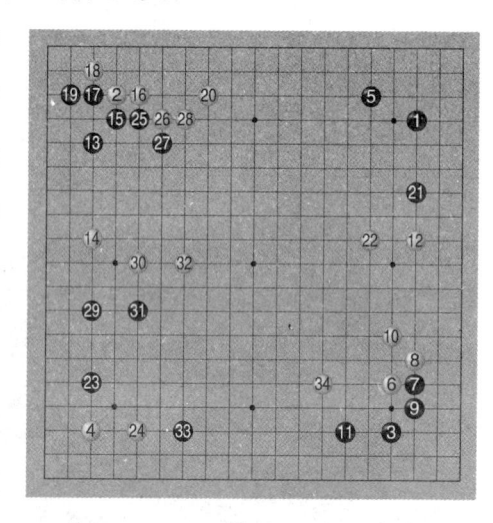

图6-1

本图中，白对黑13挂角的夹攻方法很多。

白14采用三间低夹是较松缓、留有余地的着法。至白20是定式，双方都有了根据地。

黑21是大场，不仅加固了无忧角，还存在A位打入的好点，因此，白22跳起是为了防黑打入并向中腹发展形势的着法。

黑23是破坏白左下边的地域，以避免白4与14连成一片的走法。

黑29拆二安定了自己，同时威胁白14一子。

黑33紧凑地向白左下角施加压力并想取得下边的实地。这样左边白三子将受影响，同时黑又取实地，而白方没有什么收获。因此白34以扩展右边的阵势来应对。

图6-2是错小目守角型低挂类的布局常型。

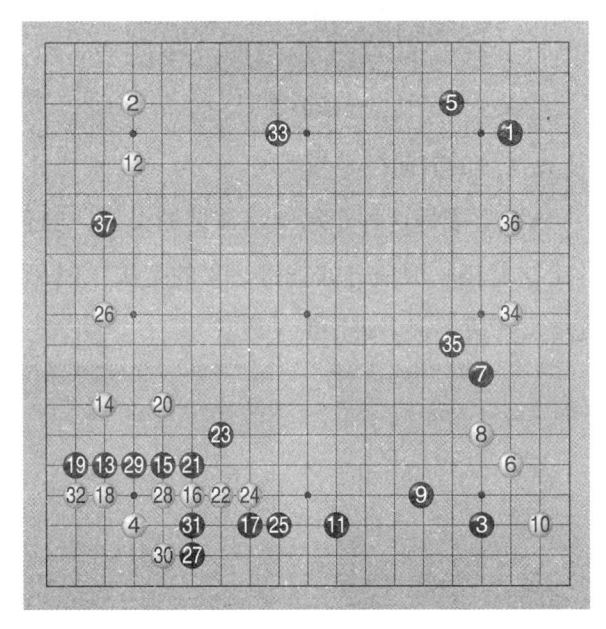

图6-2

## 2. 星小目守角型

就是黑1走星位，3、5在相邻角走无忧角。它有正分投、偏分投和不分投三种形式。

图6-3中，白6走在"三.10"路位置上是正分投。它破坏黑方的地势，是很重要的大场。

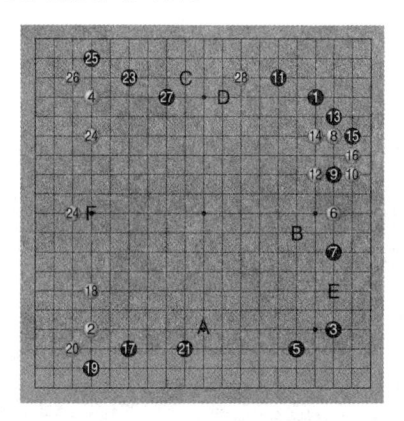

图6-3

黑7从无忧角的方向拦是当然的。

白8～16的走法是这种布局中最常见的类型，也有的按照图6-4的走法着棋。但白方如按图6-5的走法，白10改在1位单关，就给黑方留下很多借用的手段。

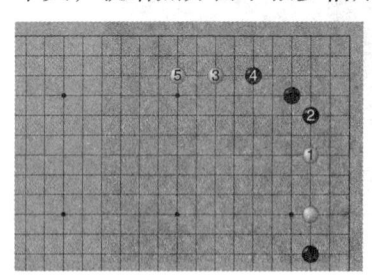

图6-4 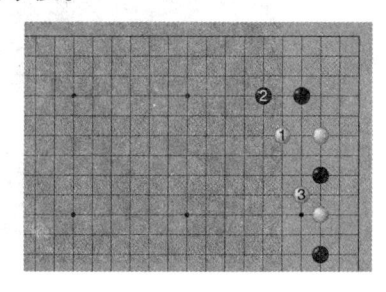　　　　　　　　图6-5

黑19也可走在A位。

黑27如在C位拆二，白可能在左边构成大模样。白28如不打入，则黑在D位补也很大。至此是这盘棋的简单布局。

以后白方有可能在A位尖削，E位打入的手段。黑方也有在F位侵消白方的办法。这是进入中盘阶段的要点，将来黑在B位飞也是好点。

图6-6是星小目守角型的偏分投走法。

图6-7是星小目守角型的不分投走法。

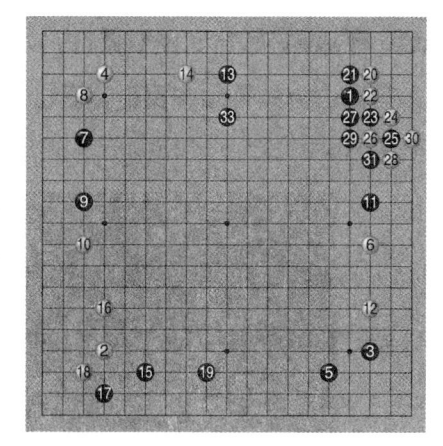

图6-6

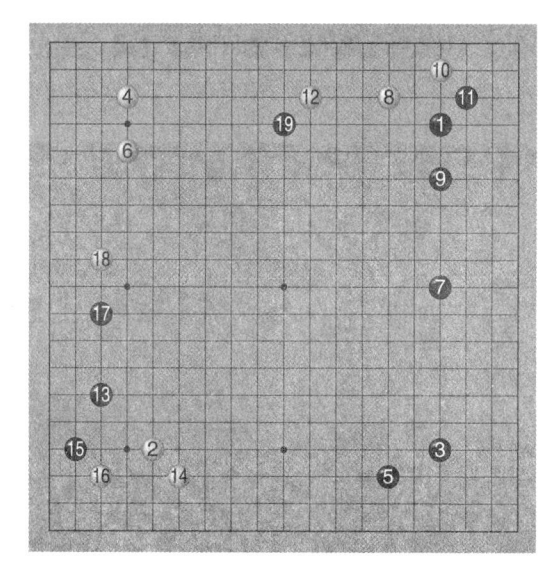

图6-7

### 3. 三连星

所谓"三连星"布局是指在形成"二连星"之后在两星之子的中间星位上投子，构成三手棋均在相连接的星位上（黑三子同在一条直线上）。

目前这两种布局都比较流行，"二连星"是"三连星"的前身，"三连星"是"二连星"的发展和延续。

三连星是强有力的布局，执黑时很有威力。除了基本定式，要学会抢先手，学会从边开始扩张，并且有抢占中央要点的意识。

图6-8是三连星的"基本变化形"。此时，黑7单关跳、黑9拆边、黑11守角都是要点，黑13分投稳健。

图6-9是三连星的"扩张中腹形"。此时，白10逼住，黑11镇住棋形，黑15大飞，黑17扩张中腹要点。

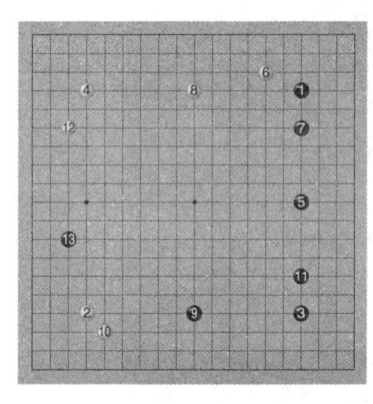

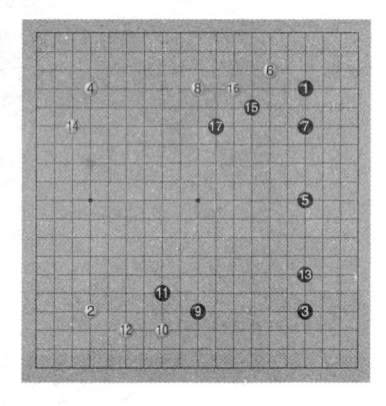

图6-8　　　　　　图6-9

图6-10是三连星的"尖顶攻击形"。此时，白10打入急躁，被攻击后很被动。图6-11是三连星的"点三三形"。此

时，白6、白18两个先手点三三反而吃大亏。布局阶段里和外的交换得不偿失，黑棋压倒优势。三连星是占领一边的三个星位的布局。由于三个子都处在第四线上，故这种布局的侧重点不是占角，而是向中央发展。当然，三连星的用意在于取势或构成模样，中央是它的主要战场，这是三连星的特征。

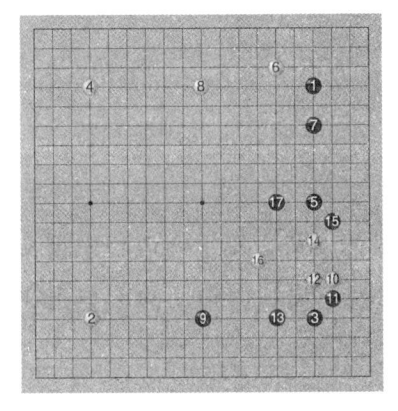

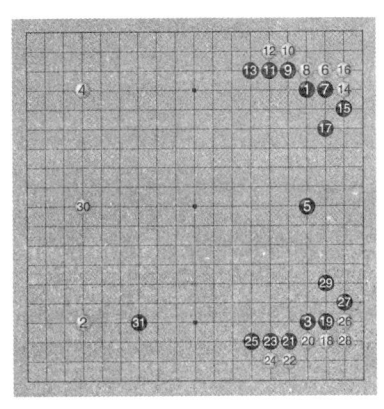

图6-10　　　　　　　　图6-11

三连星布局以取势为其宗旨，因此对角上之地和对实空就不得不做出一定牺牲。如果布下了三连星阵势，又迷恋于实空上的纠缠，就是自相矛盾，也是不值得赞赏的。

## 02 对角型布局

对角型布局就是双方各占两个对角，成为交错的形式。它大致分成对角星和对角小目两个类型。

### 1. 对角星布局

对角星布局也是受棋手欢迎的布局类型之一，但初学者感到它不太实在，容易落空。其实，如能掌握它的规律和特点，就会给对方较大的威胁。

对角星布局的第一个特点是速度快，便于向边和中腹发展。它一手占一个角，因此黑5就必须挂白角，而不会是守角。这就决定了它的第二个特点——积极主动。

对角星布局大体分为白夹攻型和白守角型。

图6-12 白6夹攻黑5。从黑5~白8和黑9~白12是同一个二

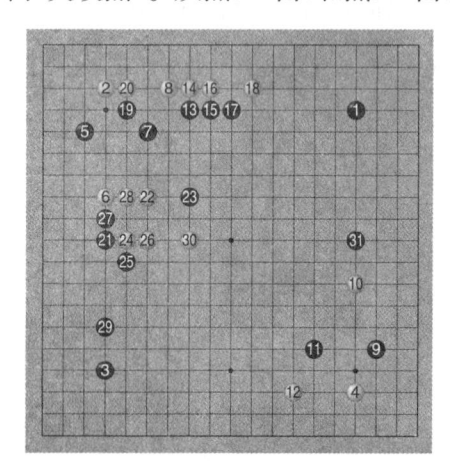

图6-12

间高夹的定式。就是要利对角星的威力，对白6和白10两子进行夹攻。

黑13先对上边白棋进行飞压，先手取得外势。至黑21转身来攻击白6一

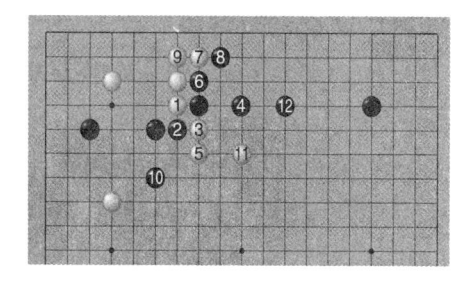

图6-13

子。如果黑13飞压后白14冲断，则演变成图6-13，至12，黑上边已得不少地盘，白显然不利。

黑23镇，控制中腹。从白24压，黑25扳，至29，黑很容易地在左下边与星配合，构成理想形。这时，中腹白棋并不算安定，还要继续逃出。黑31就转身夹攻白10一子，掌握了全局的主动权。

图6-14是对角星布局中白守角型走法。

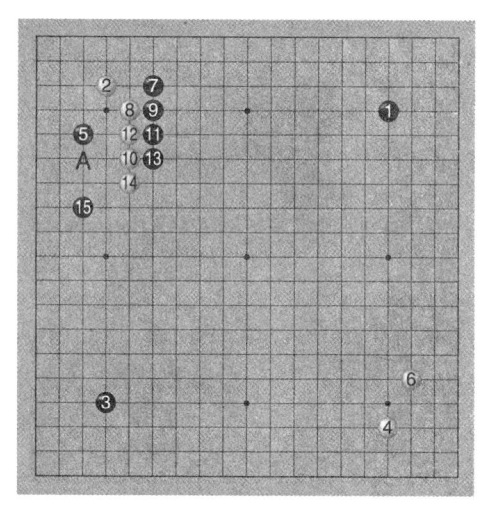

图6-14

## 2. 对角小目布局

图6-15是对角小目型的一盘布局。

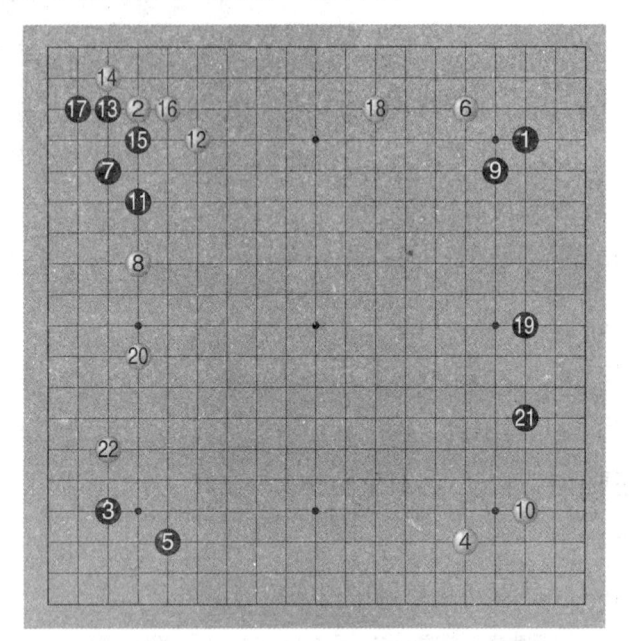

图6-15

对角小目兼有取势占地两者平衡的提点，它不像星位那么容易被对方掏掉角"空"。从守地的角度出发，小目比星位相对坚实一点。如果再加一手棋，就可变成"无忧角"。角上实地更加稳固，而且可以在以后作战中发生很大效能。

由于小目布局涉及方向的问题，所以，小目布局的变化类型较多，如"错向小目""对向小目""对角小目""星小目"等。

## 03 互挂型布局

图6-16中,到黑7为止,双方相互挂角,叫互挂型布局。这种布局不像"平行型"布局或"中国流"布局那样有规律,比较复杂多变。一般采用夹攻的定式较多,双方都很难构成大模样,往往都顾不得去占据大场就卷入急战。本图就是很好的一例。

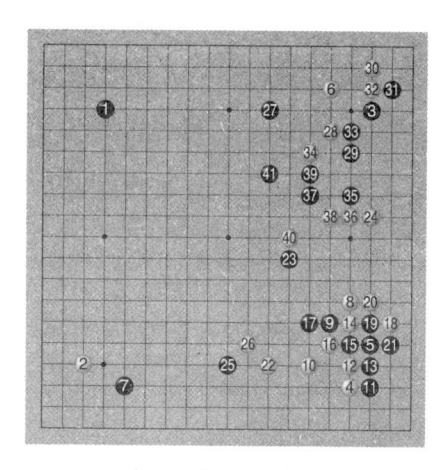

图6-16

白8采用一间高夹使对方不能反夹。否则按图6-17,黑无论在A、B位反夹,被白在1位压就很难下。图6-16中至24是常见定式。黑25是攻防的主要点。

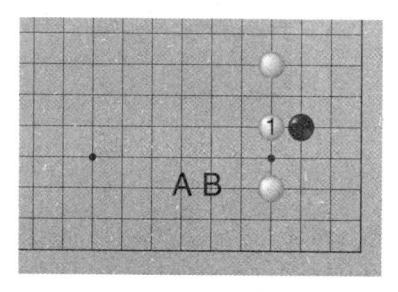

图6-17

黑27二间高夹后至35，双方的意图是安定自己，攻击对方。

36～40白方阻止黑方连络。

黑41跳出后，白右上角也不安定。

现在，双方都顾不得去占左上边和左边的大场，在对攻中进入中盘战斗。

互挂型布局很容易形成相互分割的复杂局面。图6-18从黑1至白8，即是典型的互挂型布局。

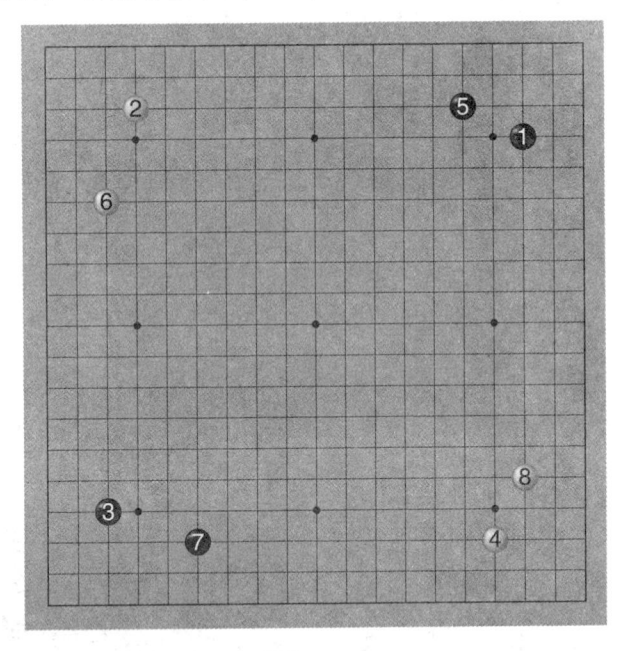

图6-18

## 04 小林流布局

图6-19中，黑1、3是小目布局，黑5挂角后超大飞拆边，是流行布局之一。由于日本著名的棋手小林光一九段非常偏好该布局并将之发扬光大，因此它被命名为"小林流"布局。

图6-19中，黑7回拆后，

图6-19

右下将成为全局焦点。此时，图6-20中白1一间高挂，黑二间高夹，3、5跳时，黑6照搬定式不好，会被白7反夹打散局面，黑棋的先手优势没有得以体现。

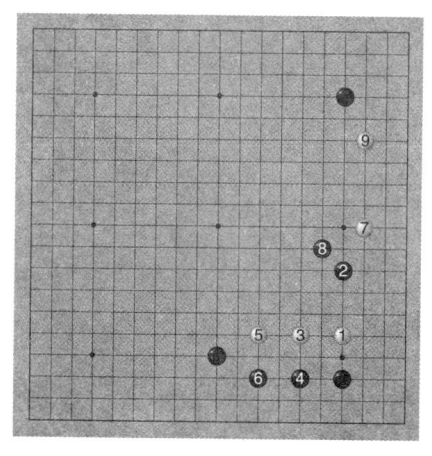

图6-20

图6-21中，黑6刺，在一般情况下是俗手，但在此局面下是先手守空的好棋，白7接，黑8转身展开，步调顺畅，白的厚势没有用武之地。此后，问题的关键在于黑下面空地是否安全。

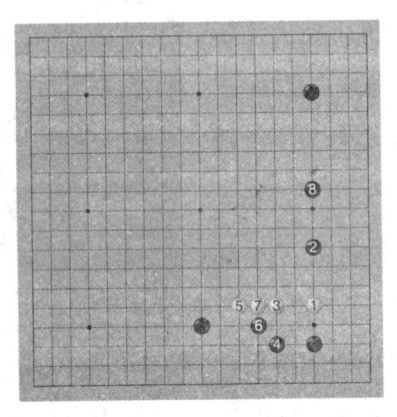

图6-21

图6-22中，白1、3走下面是可以想到的下法，白9断时，黑10弯为好棋，白13爬怀棋，黑14挡住后，白棋死亡。

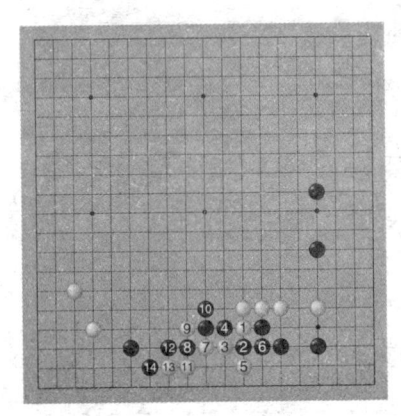

图6-22

图6-23中，白1粘不错，黑2急于破眼不简明，白3跳手筋，黑4如不肯让白棋活，则白5以下至11可以渡过，黑失败。

图6-24中，白1粘，黑2冷静拐打好，白3、5只好活棋，黑挣到先手在6、8、10位边攻击边捞空，白11逃出，黑12是攻守兼备的好手，攻白同时防止了白棋的下一手。白A、黑B、白C、黑D，白将无法逃脱。

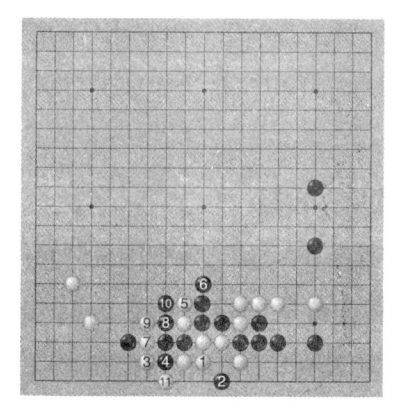

图6-23

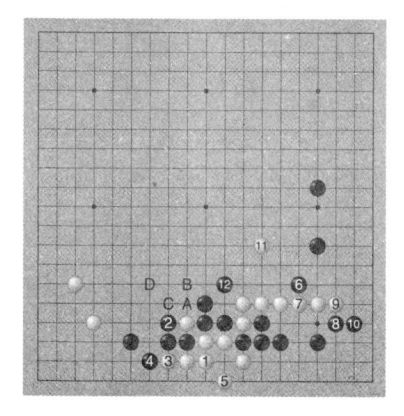

图6-24

## 05 "中国流"布局

"中国流"指围棋布局的一种方法,由中国棋手陈祖德九段首创,后又由各国棋手发展出"低中国流""高中国流""迷你中国流"等其他布局方法。

"中国流"布局的基本思想以星小目的配合为基础,以小目为最主要发展方向(不以星位为主要发展方向),迅速向边上扩展地盘。

**1. "低中国流"布局**

图6-25中,黑1、3、5是"低中国流"布局。如果黑5下在A位,便是"高中国流"布局。现在由白方走,白6该占何处好点呢?有B、C位开拆、D位或F位低挂、E位二间高挂、G位

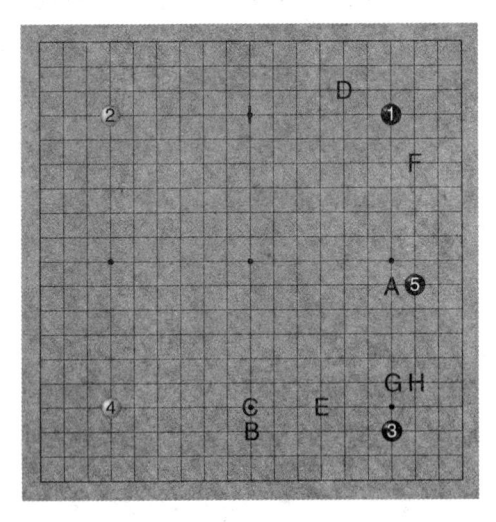

图6-25

高挂或H位低挂、二位开拆等等。哪一个较好呢？

图6-26中，白1先占下边大场要点，限制右下角黑棋的扩张是正确的。当然，在A位二间高挂和在上边C位开拆也是可以的。B位低挂虽也可以，但容易引起变化。

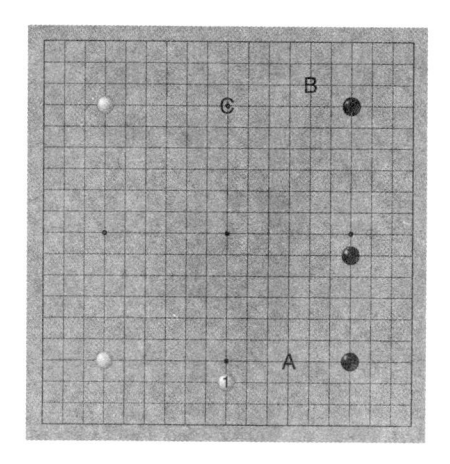

图6-26

图6-27中，白1不好，黑2尖顶，白3长，黑4单关后，白5只能立二拆二。黑6跳出攻击，白棋很苦。通过攻逼这块白棋，使黑棋在右上角和右下角巩固并扩大实地。由此可见，白1这么低挂，正中"中国流"的圈套。

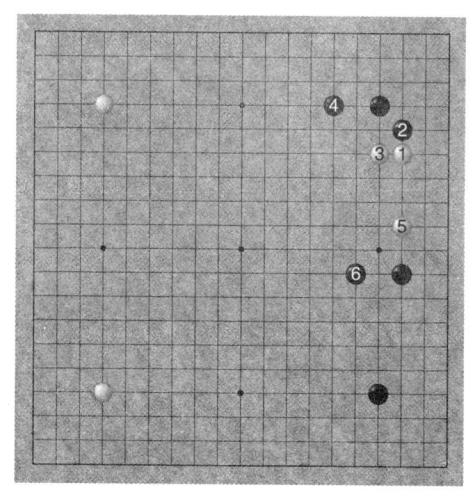

图6-27

## 2. "高中国流"布局

"高中国流"布局指,黑开局后,黑方第一着走星位,第二着走邻角小目("四.3"),第三着走"四.9"(比"低中国流"高一路),由此构成的开局走法。

"高中国流"的特点如下:

一是布局速度快。

二是注重向中腹挺进。

三是主要发展方向依然是小目方向。

图6-28中,黑1、3、5构成"高中国流"。白4占小目,白2占三三位。白6守住左上角。这时,黑7该下在何处,是上边A位好还是下边B位好,或者在左边C位分投好呢?

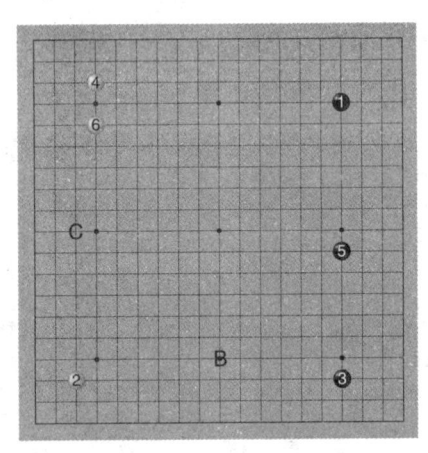

图6-28

图6-29中,黑1是双方的好点。白占下边2位虽也是好点,但黑3肩冲后,双方应对至黑9,白2一子成为孤棋。白10若在右上角低挂,立即受到黑棋攻击,应对至黑15,白棋很苦。

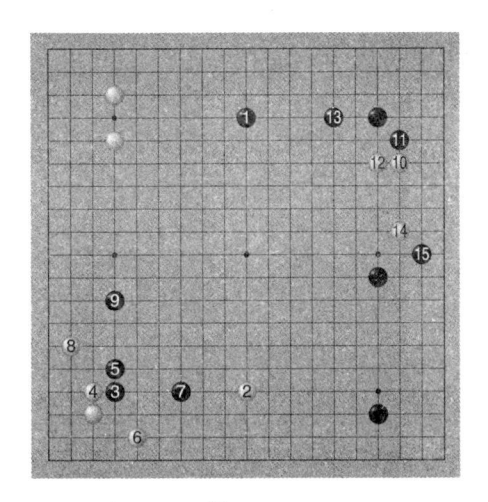

图6-29

图6-30中,黑1占下边大场是方向错误。白2必占上边要点。黑3至黑9是定式。白10在右上角低挂,黑11单关后,白下一步,有A位高挂或B位拆一等好点。以后右上角C位点角或D位飞出,也是白方好点。

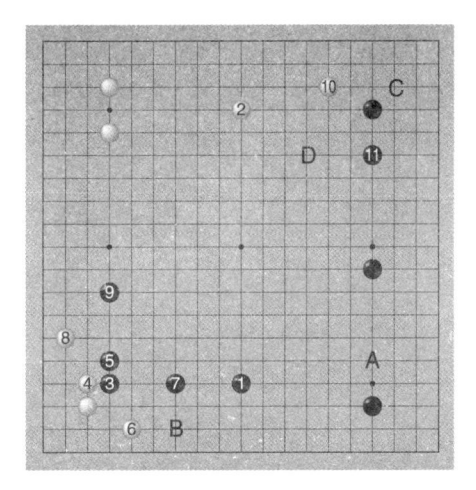

图6-30

### 3. 变形中国流布局

图6-31 是1999年中日NEC对抗赛上，周鹤洋执白对小林光一的一场实战，以下是"变形中国流"的运用片段。白8拐头力争先手，抢占10位拆边的大场。

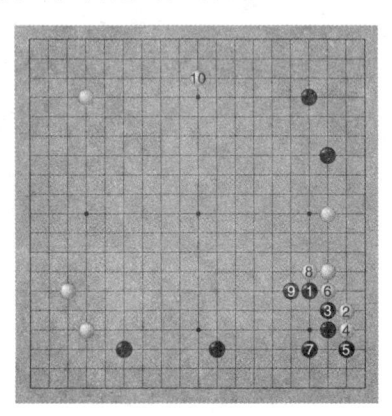

图6-31

图6-32中，对白2飞，黑3压针锋相对。

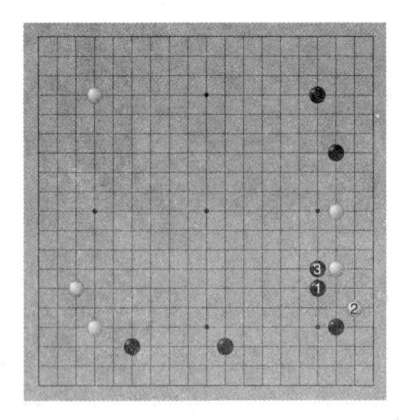

图6-32

图6-33中，白若4位退忍让，黑再5位压，至9无疑黑优。

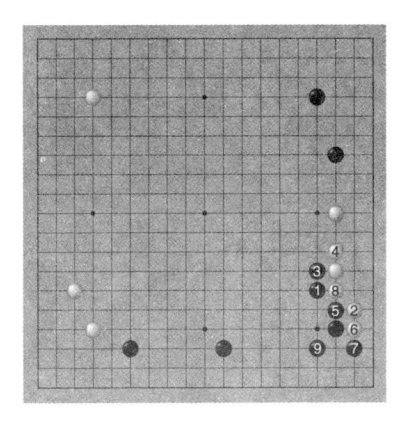

图6-33

图6-34中，白4冲与黑3是各得其一的好点。与黑5挡交换后，再6位退，次序正确。至7为实战常型。

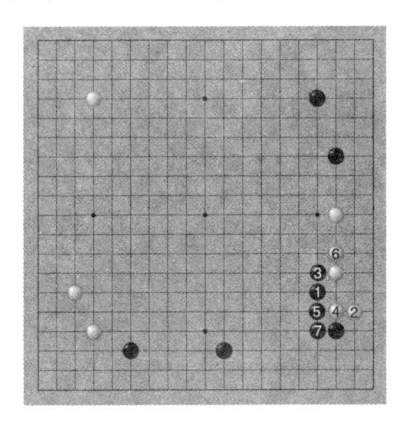

图6-34

## 趣味链接

明代有一个叫方新的少年，六七岁时就会下棋。方新小时候，父亲与人下棋，把他放在膝上，下到半场时，方新捂着爸爸耳朵，悄悄告诉他应在哪儿投一子。

爸爸根本没把方新的话当回事，结果客人赢了棋，还嘲讽方新父亲道："小孩子哪能看出我的漏洞？我是不怕攻的。"

于是，小方新当下复盘，非但一子不错，而且把客人杀得大败。因此，小小年纪的方新就成了当地棋王。

## 围棋口诀

镇消无忧是好棋，两番收腹成效低，下子要避车后压。
棋高一路力无比，棋逢难处小尖尖，不好走处请暂放。
别处走棋找时机，敌之要点我要占，常替敌棋多考虑。
我补厚实敌变弱，穿过象眼要注意，穿忌两行飞为宜。

## 围棋规则

分段就像切西瓜，进攻吃子都靠它。
冲断、扳断最常用，还要学会尖、靠、挖。
眼是家，眼是宝，两眼活期最重要。
眼位越大越有利，识别假眼来数角。

# 第七章　布局常见型

　　围棋布局时一些经常出现的棋子形状，被称为常形，人们于是给起了名字，这些名字有的象形，有的引进典故，还有根据形状来附会事物，别有趣味。

## 01 第一型

图7-1中,黑△飞压是近年来很流行的下法,这种下法有一点优点,那就是比较积极主动,容易取势,从而更有力地攻击左边的一个白子。这时白棋大体有A位冲和B位长两种下法。

图7-2中,白棋1、3冲断进行反击,黑4跳,当白5长时黑再于6位挡下。下面至黑10跳出,双方大体如此,这只是激战的开端,以后优劣还要看双方子力配备与作战情况来决定。

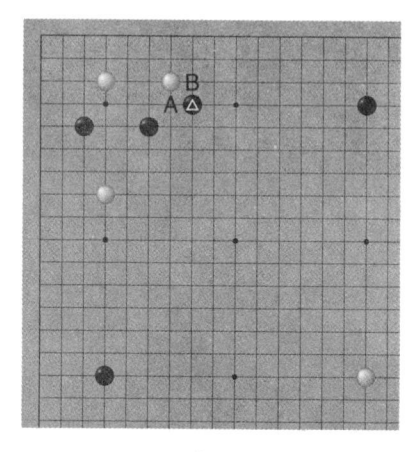

图7-1

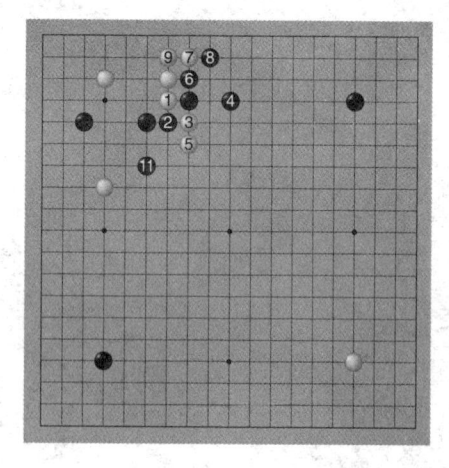

图7-2

图7-3中，白棋1、3先长两子，再于5位拆边来加强左边的白子，这样下是避免开局就激战。

图7-4中，黑攻不到左边的白子，那么在上边1位拐下来后形成的空地也非常大，黑棋很厚。白2远远地占星下大场，限制黑势继续扩大。这样下将出现与图7-2完全不同的一局棋，双方各有所得，也各有所失，且大致均衡。

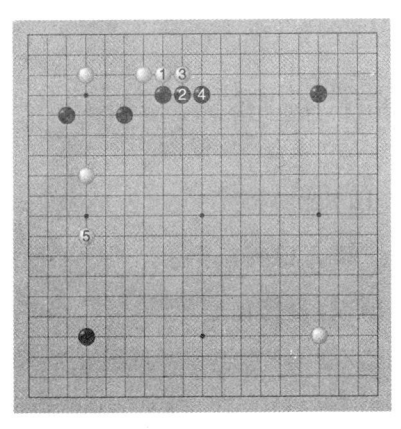

图7-3

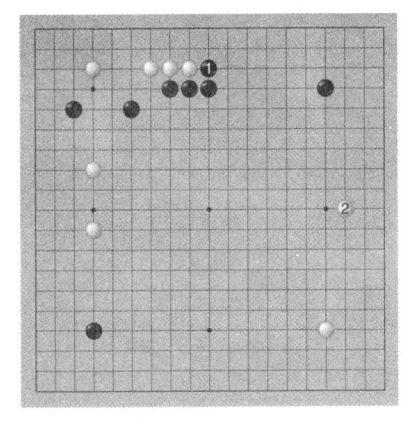

图7-4

图7-5中,白1再长一子希望黑棋也能跟着长一子然后再拆边,因黑棋再长与右上星位黑子的距离太近了,所以就要在2位夹攻白一子,白3扳起,这样下,总的来看是黑有利可占。

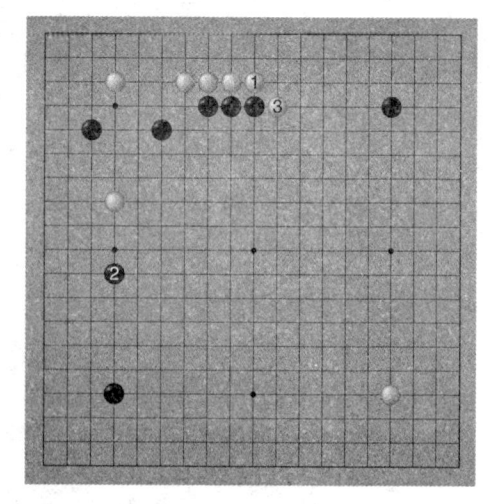

图7-5

图7-6中,白1挂角希望黑棋在A位跳,白再高拆二,但被黑2夹攻,白棋两边受攻不好处理,所以白1挂角是坏棋。

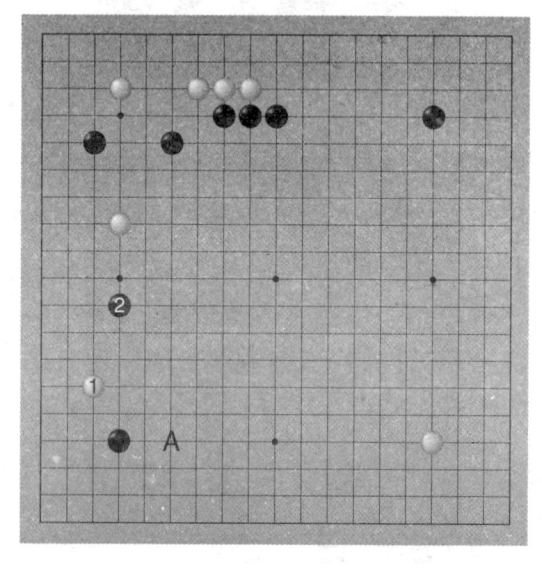

图7-6

图7-7中，白1跳出，黑棋为了更好地攻击左边的白子，可先在2位尖来弥补一下自己的缺陷，然后再于4位夹攻白子，非常紧凑，白5跳起，黑6镇头方向正确，白7跳，黑8也跳，黑8跳之后就有A位穿断的手段了，这样下黑棋占据主动。

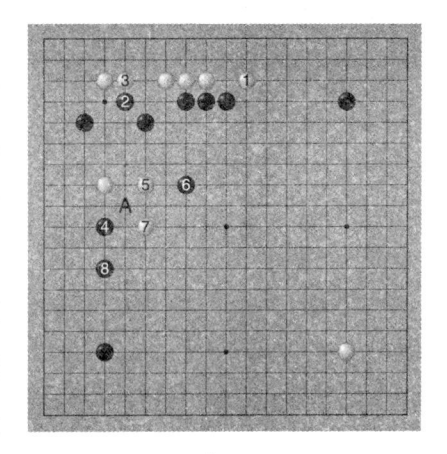

图7-7

图7-8中，白棋为了防止黑棋穿断的手段可以在1位搭，黑2扳、4长之后于6位跳，边攻棋边围地是好棋，下面白7跳、黑8继续飞攻，战局将不是短期就能结束的。

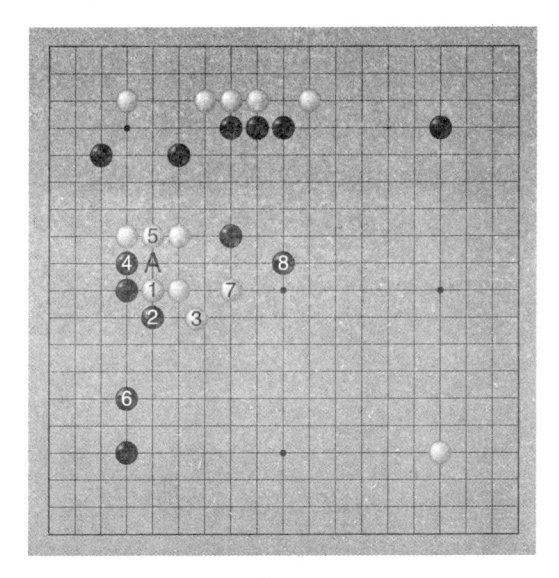

图7-8

## 02  第二型

图7-9中，白1一间高挂，黑2采取二间高夹，白棋3、5连跳两子之后当然要在上边下子，那么应下在哪里呢？

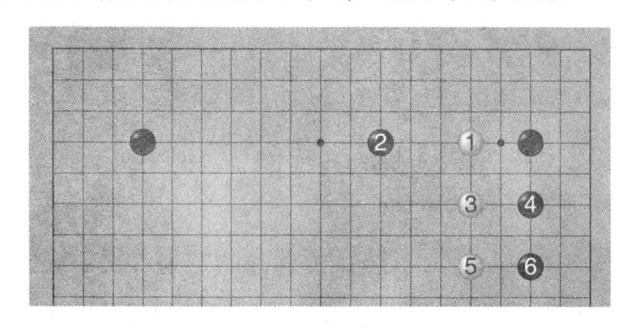

图7-9

图7-10中，白1先托一子之后再于3位夹攻是常见的一种下法，白1托，黑2扳，白棋不在A位退是保留在B位扳的变化。黑棋如在A位打吃，白棋可在C位挡，这样又产生了白棋在D位立的手段，黑棋只好后手在D位提，这样黑棋没什么意思，所以白1托之后可脱先。

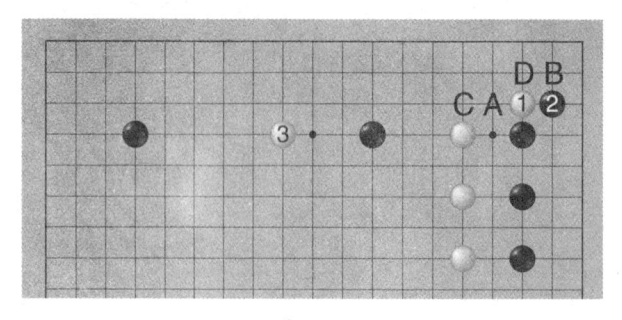

图7-10

图7-11中,白1夹攻上边黑子,黑2跳起,白3挂角是必然,黑4单关应,形成常见变化。其中黑2也可在A位飞。以后白棋可在C位镇攻击黑子,也可下其他重要的棋。

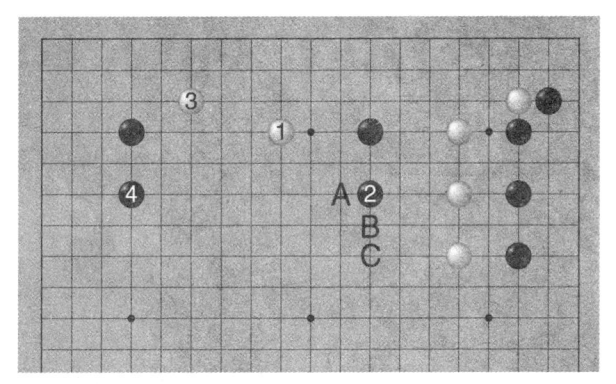

图7-11

图7-12黑1大飞虽也可以下,但显得有些消极,白2飞攻,黑3弃子,白4补一手,这样结果白棋很厚,以后白棋中央的发展潜力很大,黑左上大飞守角还存在A位占三三的棋,所以是白棋有利。

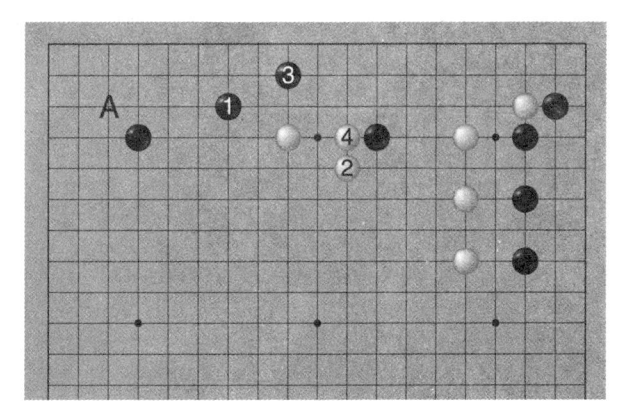

图7-12

图7-13中，白1直接挂角也是一种下法，黑2采取二间高夹不好，下面白棋3、5、7之后，黑棋不但没攻到白棋，自己的高拆二反觉得薄弱了。

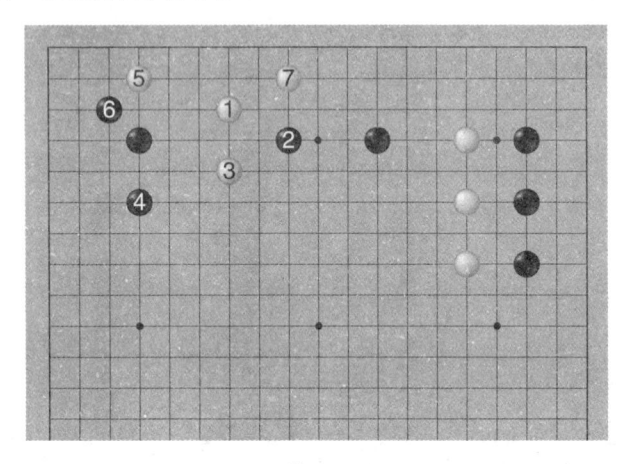

图7-13

图7-14中，黑1一间低夹紧凑，白2点三三，以下至黑13，黑棋在上边筑起了大模样，黑棋有利。

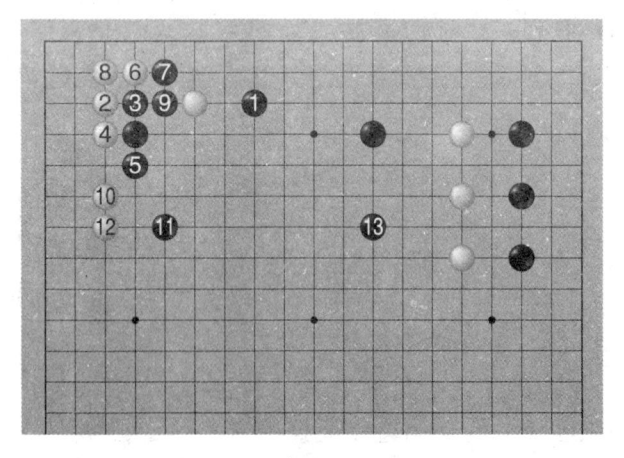

图7-14

图7-15中，白棋不点三三而在1位跳是正确下法。当黑2跳时，白3打入及时，以下至白15已成为定式下法，其中白13、15扳粘不可省略。

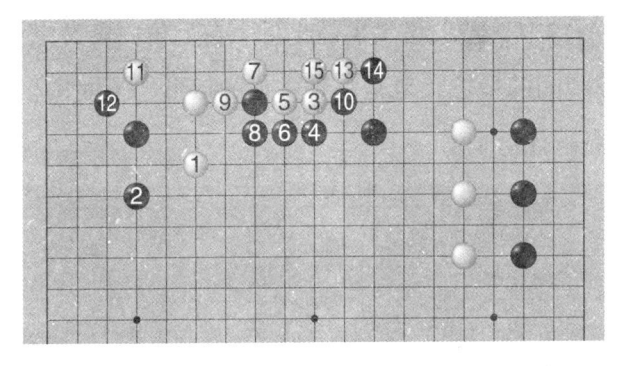

图7-15

图7-16中，黑1立，白2连，黑3在左上角挡之后，白棋整体不活，白不利。

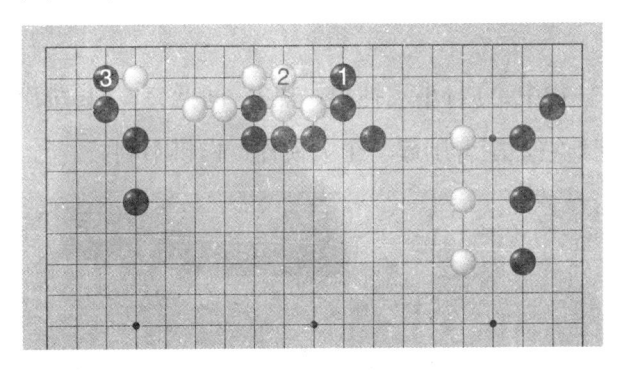

图7-16

## 03  第三型

图7-17中,左上角黑棋是小目,右上角白棋占星位,黑1挂角3下中间的星位,也是一种常见的棋形,下面白棋在左上角哪一点来挂角呢?

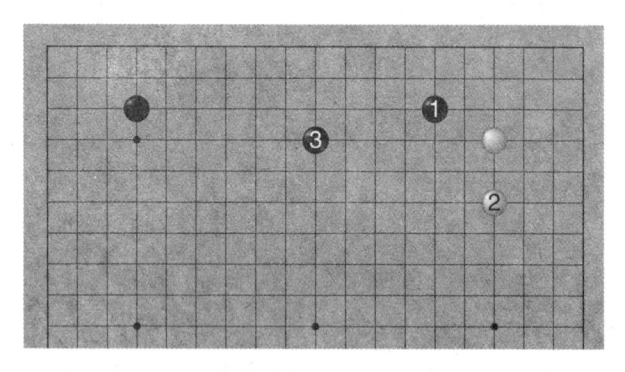

图7-17

图7-18中,白1小飞挂角,黑2一间低夹、白3跳出,这时黑4飞起与右上配合围起一个大模样,白棋不利。

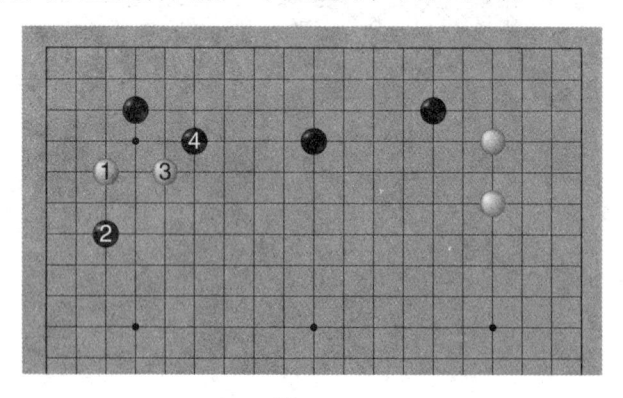

图7-18

图7-19中，白1挂角较多，黑2外靠与右上两子配合仍可做一个大模样，以下至黑8是定式，黑棋取实地，白棋做一朵花较厚，可先手占其他大场。

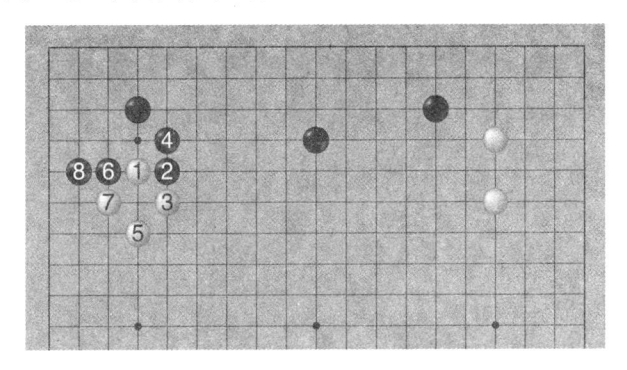

图7-19

图7-20中，黑棋想继续扩大上边可下1、3连扳，至黑9，黑扩大了上边的地盘，但白棋也强大多了，两主可谓难分高低。其中白8如在A位扳，黑仍在9位打吃，白棋还得在8位连，结果白棋落后手不利。反过来白棋如想加强中腹压缩黑棋上边可在4位跳。

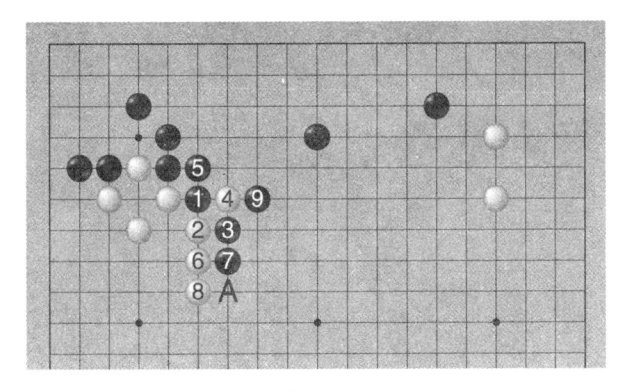

图7-20

图7-21中，黑1靠、3长也是定式的一种变化，白4顶黑5长之后可于6位大飞，这样下棋形较舒展，黑7长三三很大，白8挂角至12与左上白子连成一体也很理想。以后虽然黑棋有A位刺、白B连、黑C抢空的手段，但如过早地把子都下在二线上，大局就会落后。黑如不走，白棋可趁势在D位跳，左边白棋的地域十分可观。

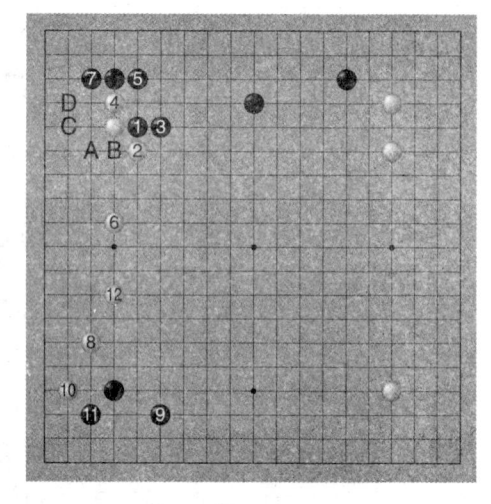

图7-21

图7-22中，黑1托是取实地的下法，白4连很坚实，黑5尖起，白棋拆三告一段落，双方大体如此。其中黑5如下在6位，那白6就在A位搭，这样黑右上的两子就落空了。

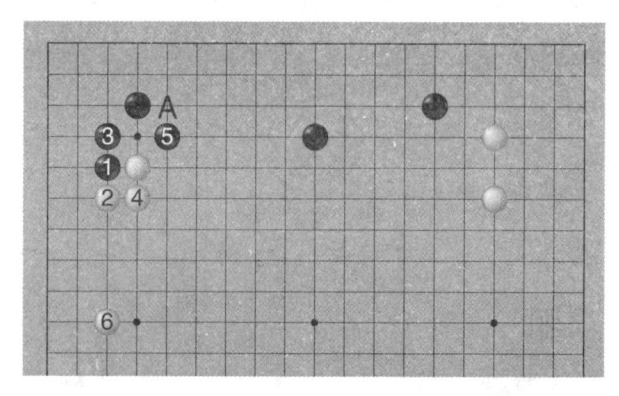

图7-22

图7-23中，白1虎不好，黑2抢占星位，当白3搭时黑棋4团、6打吃进行反击，白棋被分成两半显然不利。

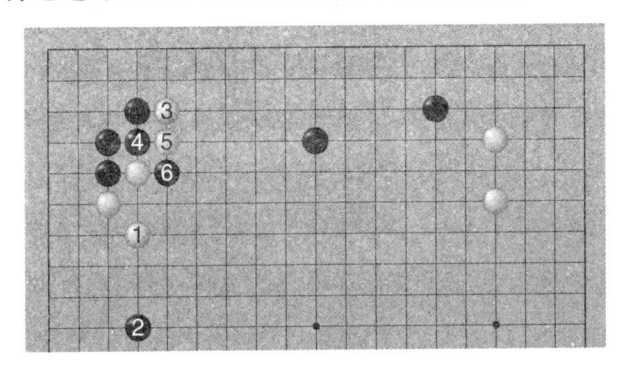

图7-23

图7-24中，黑1采取二间高夹，这时白棋不能在A位大飞，因为黑可在B位搭出，白棋被分成两半不利。白2、4连跳两子可争先在左边攻击黑一子。

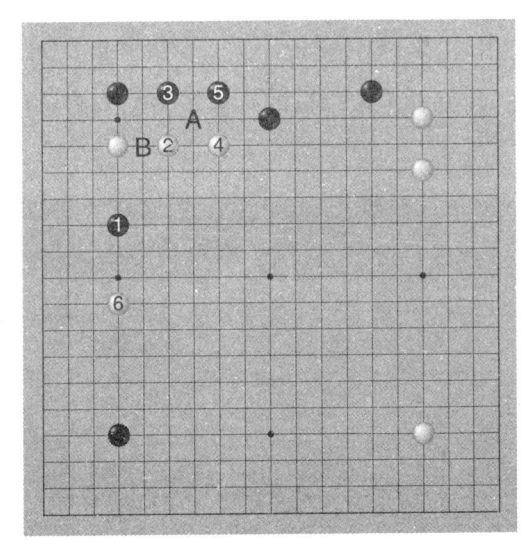

图7-24

## 04 第四型

图7-25是中国流布局中出现的棋形。白1一间高挂,黑棋怎样攻击白棋呢?

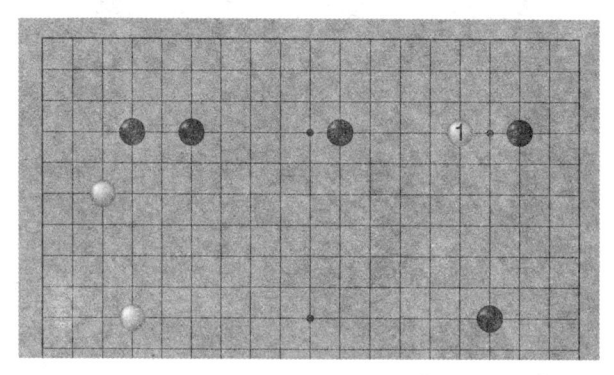

图7-25

图7-26中,黑1外靠3退不好,这是白棋希望见到的下法,白4虎之后黑再无攻白棋的手段了,而且自己上边一子距白棋太近反而不利。

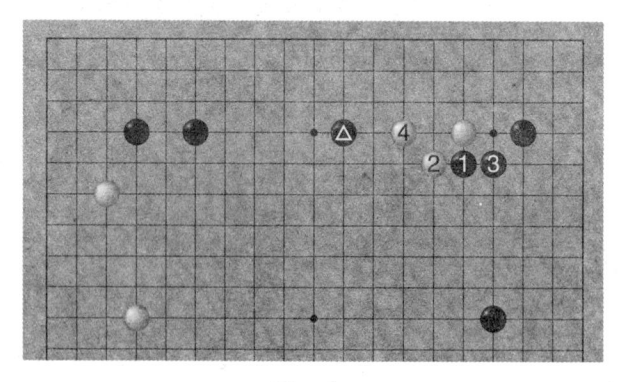

图7-26

图7-27中，黑1在三线托、白2扳之后于4位轻灵地下"象步"起来，是好棋，黑棋一时也没有更厉害的手段攻击白棋。白4也可考虑下在A位飞。

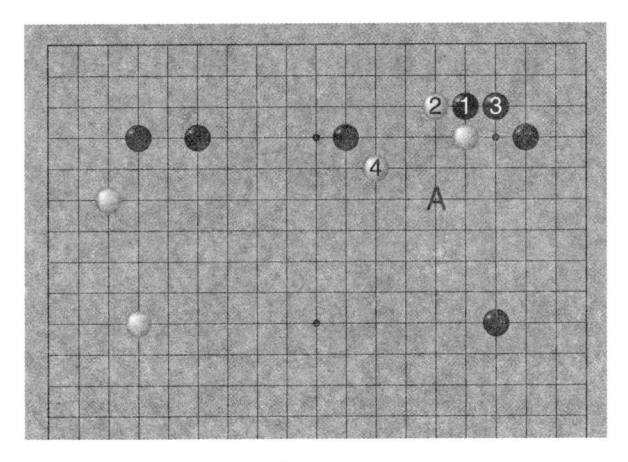

图7-27

图7-28中，黑1飞的下法比较多，白2托、4退以下至黑9跳，白棋十分局促。

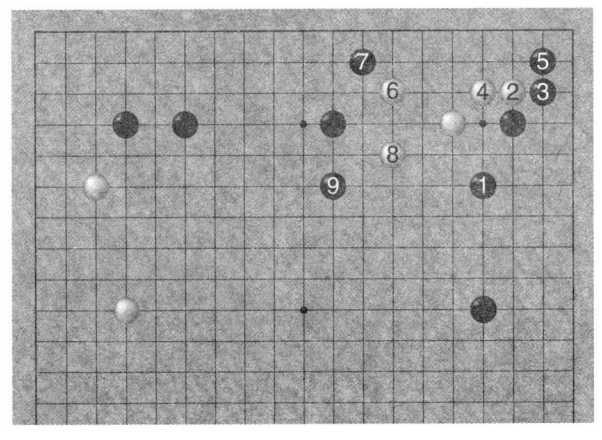

图7-28

图7-29中,白1搭、3托、5扭断是非常巧妙的腾挪着法,黑棋如何下呢?

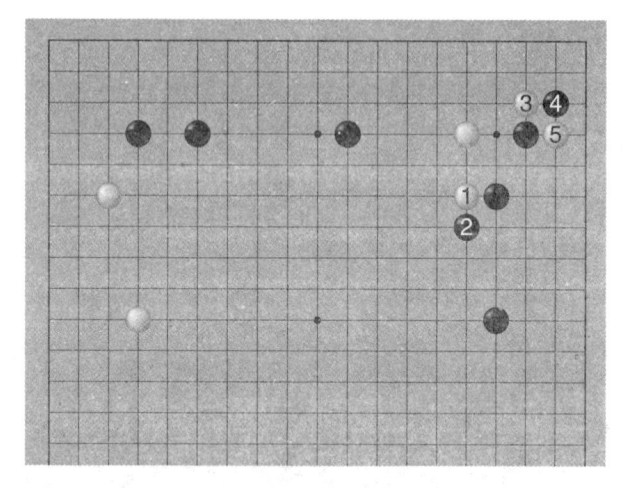

图7-29

图7-30中,黑1顶、3长,是一厢情愿的下法,但最后被白8大飞破了上边黑地,白棋自己也成了好形,黑棋无法容忍。

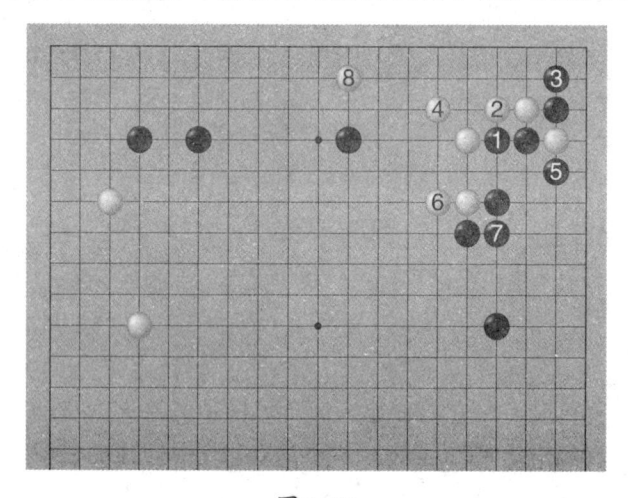

图7-30

图7-31中,黑1退,那么白2吃住一子活角。以下至黑11,白棋先手活一个角,黑棋A位还露着口,白棋可满意。

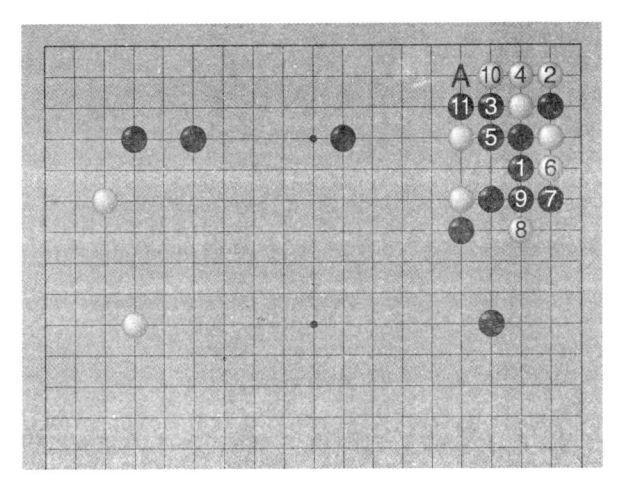

图7-31

图7-32中,黑1打吃非常坏,若白2跟着打吃,当黑3提时,白4长进去,黑棋被穿开失败。

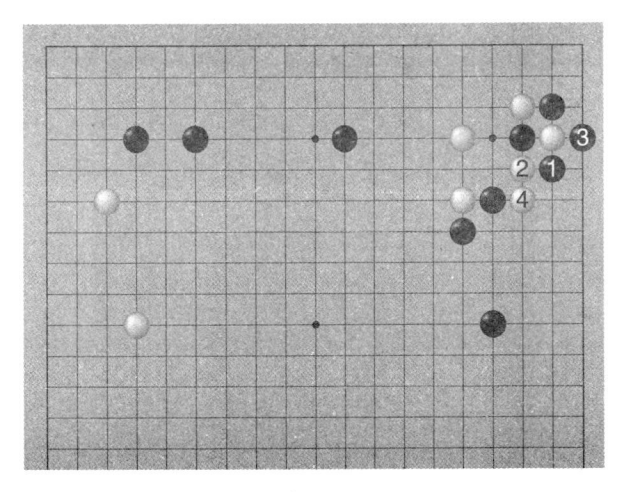

图7-32

图7-33中，黑棋为了避免以上白棋的腾挪手段，可在1位尖，白2大跳轻快，黑3、5连络，白棋4、6把棋走畅，双方可下。

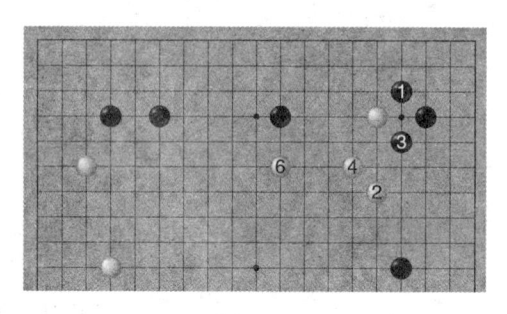

图7-33

图7-34中，黑棋"中国流"对白棋二连星，白6从这里挂角是针对"中国流"布局的特殊下法，在其他布局中不适用。黑11拆二后以星位为中心两翼张开，此时是点三三的最好时机。

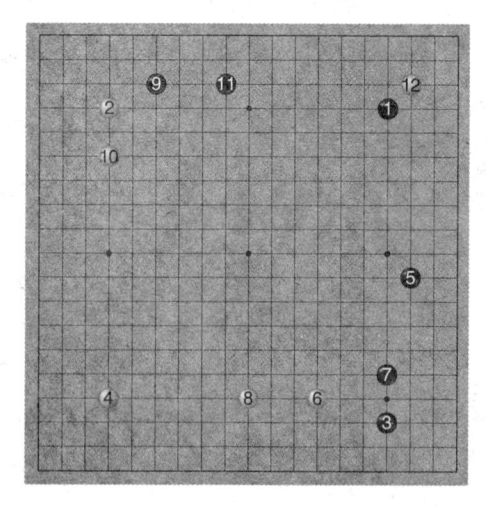

图7-34

图7-35中，白棋12点三三之后，黑13挡住这边方向正确，以"中国流"为中心构筑大模样。

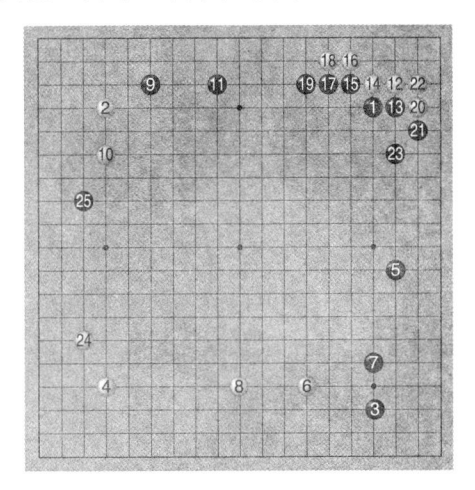

图7-35

图7-36中，黑25打入左边白阵，白26、32都是借力攻击的基本着法。以下至黑41后进入中盘战斗。

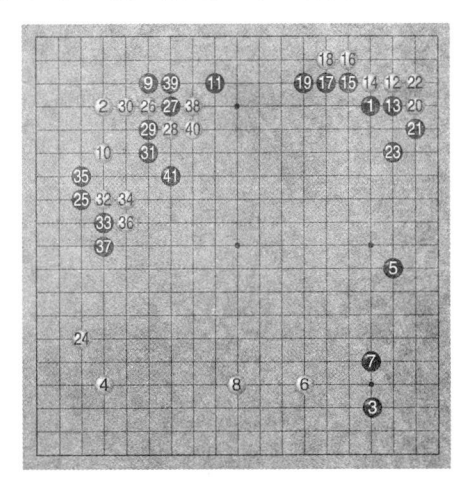

图7-36

### 趣味链接

清朝末年,围棋命运日益艰难。陈子仙、周小松成为我国古代围棋最后的余音。陈子仙独创一格,12岁就以国手著称,被认为是有史以来最年少的一位国手。能与陈子仙比高低的只有周小松。

周小松为人正直,每次与人下棋,都尽其所能。相传周小松让九子与曾国藩下棋,将曾国藩的棋分割成九块,每块仅能做活。曾国藩大怒,把周小松赶出了大门。

### 围棋口诀

三路挖出先看征,三路腾挪常碰撞,棋逢断处巧能生。
两壹路上多妙手,防闷成形宜单跳,两子成形斜飞利。
四路被断常虚跳,台象生根点胜托,矩形护断虎输飞。
轻子该弃就要弃,宁失几子不失先,先刺多数占便宜。

### 围棋规则

丢掉残子保棋筋,遇到危险要弃子。
主动送吃小换大,争先、围空、取外势。
打劫先分轻和重,再数劫财多和少。
找劫不能找损劫,做劫手段要记牢。